MILET LANGUAGE LEARNING

Starting

English

for Turkish Speakers

Türkler için İngilizce

TRACY TRAYNOR
ILLUSTRATED BY ANNA WILMAN
TURKISH TEXT BY ORHAN DOĞAN

MILET

Starting
English
for Turkish Speakers
Türkler için İngilizce

Milet Publishing
333 North Michigan Avenue
Suite 530
Chicago, IL 60601
info@milet.com
www.milet.com

Starting English for Turkish Speakers
Written by Tracy Traynor
Illustrated by Anna Wilman
Turkish text by Orhan Doğan

Editors: Sedat Turhan, Patricia Billings

First published by Milet Publishing, LLC in 2006

ISBN-13: 978 1 84059 480 5
ISBN-10: 1 84059 480 2

Printed and bound in China by Compass Press

Please see our website **www.milet.com** for more titles in the
Milet Language Learning series and for our range of bilingual books.

Contents
İçindekiler

Introduction
Önsöz

Starting English, özellikle, başlangıç düzeyinde İngilizce bilen ve İngilizce öğrenimine, katılımı özendirici ve destekleyici bir yöntem eşliğinde devam etmek isteyen kişiler için tasarlanmıştır. Her gün karşılaştığınız (çevreyi tanıma, çeşitli etkinlikler düzenleme, karar verme, diğer kişiler ile iletişim kurma, v.b.) konuların ve sorunların çözümü aşamasında gereksinim duyacağınız günlük konuşma dilinin öğretilmesi hedeflenmiştir. Bu kitapta, öncelikle, konuşulan İngilizce'yi anlamanız ve sizin de kolaylıkla İngilizce konuşabilmeniz için oluşturulmuş pek çok alıştırma bulacaksınız.

Starting English neler içeriyor

Starting English bir kitap ve bir CD'den oluşmaktadır. Kitap 12 ünite içermekte, ayrıca her ünitede 3 bölüm yer almaktadır. Her bölümde farklı bir konu seçilmiş ve o konuya yoğunlaşılmıştır (*Giysi satın alma, İş başvurusu yapma, v.b.*).

Kitapta sunulanlar:

- Yeni bir dilde alıştırma yapmak için, pratik metinlerden oluşmuş diyaloglar
- Dilin kurallarını açıklayan ve bu kurallar ile ilgili örnekler veren dilbilgisi kutucukları
- Özellikle İngiltere temel alınarak oluşturulmuş, dil ve kültür hakkında bilgi veren ipucu kutucukları
- Verilen metinden öğrendiklerinizi ölçebilmeniz için, her bölümün sonunda katılımınız istenen etkinlikler

- O ana kadar tüm öğrendiklerinizi sınayabilmeniz için, Ünite 4, 8 ve 12'nin sonlarında yer alan 3 adet *Tekrar* bölümü

CD'de sunulanlar:

- Her bölümün temel tümcelerinin ve sözcük kalıplarının tümünü tekrar edebileceğiniz şekilde hazırlanmış olan ses kaydı
- Anladıklarınızı ölçebilmeniz için, her bir üniteye ait dinleme etkinliği

Kitabınızı nasıl kullanacaksınız

- Diyaloğu okuyun. Öncelikle, genel olarak anlamaya çalışın – ayrıntıların üzerinde çok fazla durmayın. Konuyu, kendi dilinizde, özetlemeye çalışın.
- Diyaloğu tekrar okuyun. Bu kez, ayrıntıları da anlamaya çalışın. Size yardımcı olması için, dilbilgisi kutucuğunu kullanın. Bilmediğiniz sözcükleri tahmin etmeye çalışın. (Daha sonra, eğer gerekirse, sözcüklere, bir sözlükten bakın.)
- Öğrendiğiniz yeni sözcükleri ve anlamlarını yazın. Aynı zamanda, kullanışlı sözcük kalıplarının bir listesini yapın.
- Dilbilgisi açıklamasını okuyun ve diyalog içinde ilgili örnekler bulmaya çalışın.
- İpucu kutucuğunu okuyun. Kullanışlı sözcük kalıpları varsa, listenize ekleyin.

- Daha sonra, ses kaydını dinleyin. Kitabınızın 89 – 92. sayfalarında, ses kayıtlarının tam metnini içeren bir bölüm bulunmaktadır. Gereksinim duyarsanız, ses kaydı metnini, ilgili bölümden yararlanarak, takip edebilirsiniz. Telaffuzunuzu ve akıcılığınızı geliştirmek için, her tümceyi, duyduktan sonra tekrar edin. Ses kaydını, kaç kez isterseniz dinleyebilirsiniz.
- Neler öğrendiğiniz konusunda kendinizi ölçebilmek için, bölümün sonunda yer alan *Have a go!* alıştırmasını yapın. (Anladıklarınızı ölçmek için, ses kayıtlarında, bazı bölümlerin fazladan alıştırmaları bulunmaktadır.)
- Gelişiminizi sınamak için Ünite 4, 8 ve 12'nin sonlarında yer alan *Tekrar* bölümlerindeki alıştırmaları yapın.

Öğrenme yöntemleri

Zamanı etkin kullanma:

Ne kadar düzenli çalışırsanız, o denli etkin öğrenirsiniz. Haftada sadece bir kez, uzun bir süre çalışmaktansa, her gün ya da haftada birkaç kez, biraz İngilizce çalışmak çok daha iyi ve yararlı olacaktır.

Kendinize hedefler belirleme:

Başarılı bir şekilde öğrenmek için, çalışmanızın sonunda ne elde etmek istediğinizi, önceden belirlemeniz gerekir, *örneğin, bir dükkandan alışveriş yapmak ya da 'gelecek zaman' ile ilgili alıştırma yapmak, v.b.* Her bölüme başlamadan önce, kısa bir liste yapın. Çalışmanızın sonunda, listenizi gözden geçirin. Listenizde bulunan konuları öğrenebildiniz mi?

Konular ilerledikçe, daha önceki ünitelerin sözcüklerini ve dilbilgisi çatılarını tekrar gözden geçirmeyi de hedefleriniz arasına katın.

Sözcükleri öğrenme:

Kitabınızın arkasında bulunan *Sözcük Listesi*'nde, konularda geçen en önemli sözcüklerin tümü, yanlarına kendi dilinizde çevirisini yazabileceğiniz şekilde, listelenmiştir. Sözcük bilginizi sınamak için, *Sözcük Listesi*'ni kullanın: bir dildeki sütunu kapatın ve her sözcüğün diğer dildeki anlamını anımsamaya çalışın.

Anlamı bilinmeyen sözcükler ile ilgili çalışma:

- Metni (metindeki genel durumu) gözden geçirin – ilgili sözcük ne anlama gelebilir?
- İlgili sözcük, kendi dilinizdeki bir sözcüğe benziyor mu?
- İlgili sözcük, İngilizce'de bildiğiniz diğer bir sözcüğe benziyor mu? (örneğin, *happy* sözcüğünü biliyorsanız, *happiness* sözcüğünü tahmin edebilirsiniz.)
- Dilbilgisi kurallarını düşünün: ilgili sözcük isim mi, fiil mi, sıfat mı?

Alabileceğiniz Diğer Destekler

Starting English, İngilizce'yi, kendi başınıza ya da bir sınıfta öğrenirken kullanabileceğiniz şekilde tasarlanmıştır. Eğer evde öğreneceksiniz, **bir arkadaşınız ile** birlikte çalışabilirsiniz. Diyalogları birlikte çalışabilir, karşılıklı olarak birbirinizi sınayabilirsiniz – birisiyle birlikte çalışmak, öğrenmeyi, hem daha kolay hem de daha eğlenceli kılar.

Starting English for Turkish Speakers, kitabınızdaki tüm dilbilgisini özetleyen bir *Dilbilgisi bölümü* de içerir. Kitabınızda ele alınan dilbilgisi hakkında daha fazla bilgiye ulaşmak isterseniz, ayrıntılı bir **dilbilgisi kitabı** edinebilirsiniz. Bazı dilbilgisi kitapları, ayrıntılı anlatımın yanı sıra, bilgilerinizi pekiştirebilmeniz için, pek çok alıştırma içerir.

Uygun bir **sözlük** almanız ve kullanmanız da sizin için destekleyici bir öğedir. **Starting English**, size, günlük koşullarda yaygın olarak kullanılan dili vermektedir; siz, gereksinim duyduğunuz konularda İngilizce sözcük bilginizi daha da ilerletmek isterseniz, bir sözlük kullanabilirsiniz.

İleriye dönük öneriler

- Kendi kendinize ya da bir arkadaşınız eşliğinde öğreniyorsanız, daha fazla çalışma ve alıştırma yapma olanağı elde etmek için, bir dil kursuna katılma fikrini irdeleyin.
- İngilizce radyo dinleyin ve/veya İngilizce televizyon izleyin. Haberler, hava durumu, yarışma programları gibi bilinen formatta hazırlanan programları seçerek, İngilizce'nizi ilerletmeye çalışın. Beğendiğiniz web-sitelerinin İngilizce uyarlamalarını araştırın. Sözcük dağarcığınızı artırmak için, İngilizce gazeteler ve dergiler okuyun (ya da bunların web-sitelerini izleyin).
- Eğer bir süre İngilizce konuşulan bir ülkede bulunacaksanız, mümkün olduğunca İngilizce konuşan arkadaş ve meslektaşlar ile sohbet edin; İngilizce'nizi geliştirmek için bu tür olanakların tümünü değerlendirin.

Meeting people
Tanışmak / Karşılaşmak

- Asking your name and giving my name
- Asking how you are and saying how I am
- Saying hello and goodbye

- Ad sormak ve adımı bildirmek
- Nasıl olduğumu söylemek
- Merhaba ve hoşçakal demek

Hello. I'm Anna.

I'm Jake.

OR

What's your name?

My name's Jake.

She's Anna.

He's Jake.

Hi Jake, how are you?

I'm fine, thanks. And you?

I'm very well.

Grammar

to be (olmak) fiilinin genellikle kısaltılarak kullanıldığına dikkat edin.

I'm	=	I am
he's	=	he is
she's	=	she is
you're	=	you are
it's	=	it is

How are you?

I'm ___, thanks. And you?
- very well
- fine / OK

- not so good.
- terrible!

Now listen

Şimdi, daha fazla pratik yapmak için **dinleyin.**

Hello Hi

Hello Hi

Hello Hi

Good afternoon

Good morning

Good evening

Bye

Good night

See you soon

Goodbye

Tip

Hello ve **Hi** sözcüklerini, günün herhangi bir zamanında, birisini selamlamak için kullanabilirsiniz. **Hi** resmi olmayan, oldukça samimi bir sözcüktür.

Good morning, **Good afternoon** ve **Good evening** daha resmidir. Bu sözcükleri, sıklıkla, kısaltılmış olarak duyabilirsiniz. (**Morning! Afternoon! Evening!**).

Good night, yalnızca, akşamın bitiminde kullanılır. Hiçbir zaman, **Hello** yerine kullanmayın.

Have a go!

- Birisini selamlayın ve ona kendi adınızı söyleyin.

- Ona, adının ne olduğunu sorun.

- Ona, nasıl olduğunu sorun.

- Ona, kendinizin nasıl olduğunuzu söyleyin.

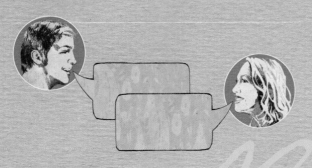

Now listen

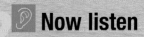

My family
Ailem

- Talking about my family
- Learning the numbers (1–10)

- Ailem hakkında konuşmak
- Sayıları öğrenmek (1–10)

Jake

Sally

Rosie

Mike

Emma

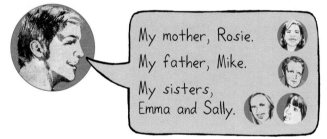

My mother, Rosie.
My father, Mike.
My sisters, Emma and Sally.

I have three children —
one son and two daughters.

He has three children.

his children

Grammar

I **have**	one sister
he **has**	one daughter
she **has**	two sister**s**
	two daughter**s**

my brother
your sister
his/**her** mother
his/**her** father

I have one son and two daughters.

 her son

 her daughters

She has one son and two daughters.

I have one brother and one sister.

 her brother

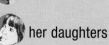 her sister

She has one brother and one sister.

Numbers

1 one

2 two

3 three

4 four

5 five

6 six

7 seven

8 eight

9 nine

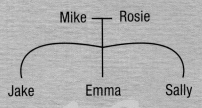

10 ten

Grammar

İngilizce'de, isimler, çoğul eki olarak genellikle **s** harfi alırlar, ancak bazı isimlerin çoğullarının özel olduğuna dikkat ediniz.

one photo   ten photo**s**

ancak

one child   ten child**ren**

Tip

İngiltere'de, çocuklar, anne babalarına, genellikle, **Mum** (Anne) ya da **Mummy** (Anneciğim) ve **Dad** (Baba) ya da **Daddy** (Babacığım) diye seslenirler.

Aile bireyleri, uzun bir süre ayrı kaldıktan sonra buluştuklarında, öpüşürler ya da kucaklaşırlar. Erkekler, bunun yerine, el sıkışabilir ya da birbirilerinin sırtına vurabilirler.

 Have a go!

• How many . . .
brothers
sisters
children
. . . do you have?

Kaç tane . . .
erkek kardeşiniz
kız kardeşiniz
çocuğunuz . . . var?

• Kendi soy ağacınızı çizin ve **my** (benim) sözcüğünü kullanarak, ailenizden söz edin.

Mike ── Rosie

Jake   Emma   Sally

 **Now listen**

More about my family
Aileme ilişkin ayrıntılar

- Saying more about my family
- Learning the numbers (11–20)
- Giving my phone number and address

- Ailem hakkında daha fazla bilgi vermek
- Sayıları öğrenmek (11–20)
- Telefon numaramı/adresimi vermek

We're Jake's grandparents. We're retired.

I'm Jake's cousin Ben. I live on my own.

I'm Jake's cousin Tina. I'm at school.

Grammar

Sayfa 6'da, **to be** fiilinin genellikle kısaltıldığından söz edilmişti:

we**'re** = we **are**

they**'re** = they **are**

I **work**	çalışırım/çalışıyorum
he work**s**	çalışır/çalışıyor
she work**s**	çalışır/çalışıyor

Jake**'s** uncle sells computers.
Jake**'in** amcası bilgisayar satar/satıyor.

Jake

My aunt works in a hospital. She's a doctor.

My uncle works in a shop. He sells computers.

 **Now listen**

Jake's my friend.

Anna's friend Jake.

Jake, what's your phone number?

It's 372 9481. What's yours?

Mine is 656 3329.

656 3329?

Yes, that's right.

I'll call you later.

Tip

Telefon numaraları, her sayı arasında kısaca duraksayarak, tek sayılar halinde söylenir: 5–5–4, 3–2–1–9. 0 (zero) genellikle **oh** (oğ) şeklinde söylenir. Aynı sayı iki kez tekrar edildiği zaman, çoğunlukla **double** sözcüğü kullanılır (örneğin, 5–5: double five olarak söylenir.)

İngiltere'de acil bir durumda (polis, yangın, ambulans, v.b.) yardım almak için **999**'u arayın. Bu numara ücretsizdir.

11 eleven

12 twelve

13 thirteen

14 fourteen

15 fifteen

16 sixteen

17 seventeen

18 eighteen

19 nineteen

20 twenty

What's your address?

My address is 12 Kingston Road.

It's 14 Albion Street.

Grammar

Jake**'s** my friend = Jake **is** my friend
Anna**'s** friend = the friend of Anna

it**'s** = it **is**

my phone number	benim telefon numaram
your phone number	senin telefon numaran / sizin telefon numaranız
his phone number	onun telefon numarası
her phone number	onun telefon numarası

Have a go!

- Kendinizin ve ailenize ait bireylerin telefon numaralarını söyleyin.
- Kendiniz ile ilgili tüm ayrıntıları verin.

What's your name?
Adınız nedir?

Where do you live?
Nerede yaşıyorsunuz?

What's your phone number?
Telefon numaranız nedir?

Listening task

- Verilen sayıları yazın.

Now listen

Where I'm from
Nereliyim

- Saying what country I'm from
- Giving my nationality and saying what language I speak
- Saying that something is correct or incorrect

- Hangi ülkeden olduğumu söylemek
- Milliyetimi bildirmek ve hangi dili konuştuğumu söylemek
- Bir şeyin doğru/yanlış olduğunu söylemek

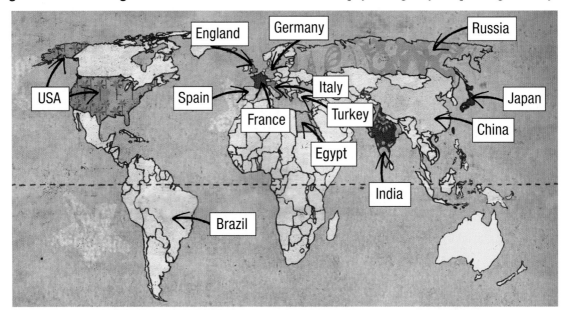

England · Germany · Russia · USA · Spain · Italy · Japan · France · Turkey · China · Egypt · India · Brazil

I'm from the United States. I'm American. Where are you from?

I'm from England. I'm English.

This is Jake. He's English.

This is Anna. She's American.

 Grammar

I'm from **China**. I'm **Chinese**.
He's from **Italy**. He's **Italian**.

I'm French – I speak **French**.
I'm Japanese – I speak **Japanese**.
I'm Australian – I speak **English**.
I'm Egyptian – I speak **Arabic**.

Russian · Spanish · American · Australian · Japanese · Brazilian · Italian · I'm . . . · Chinese · Indian · Egyptian · German · French · English

Now listen

Tip

Genellikle, kişiler ilk kez karşılaştıklarında el sıkışırlar. Birisiyle tanıştırıldığınızda **Pleased to meet you** (Tanıştığımıza sevindim) ya da **Nice to meet you** (Sizinle tanışmak güzel) dersiniz. Daha resmi konuşmalarda ayrıca **How do you do?** (Nasılsınız?) kalıbını da işitebilirsiniz. Size, nereli olduğunuz sorulabilir. Eğer ülkenizin adı burada verilme-miş ise, sözlükten bulun.

Grammar

Question words	Soru sözcükleri
Where are you from?	**Nere**lisiniz?
Are you American?	Amerikalı **mısınız**?
What's your name?	Adınız **ne**dir?

Questions tags	Soru takıları

You're Spanish, **aren't you?**
İspanyolsunuz, (**öyle**) **değil mi?**

It's a great party, **isn't it?**
Güzel bir parti, (**öyle**) **değil mi?**

you're . . .	→	**aren't** you?
he's . . .	→	**isn't** he?
she's . . .	→	**isn't** she?
it's . . .	→	**isn't** it?

Yukarıdaki takıların yerine **is that right?** (doğru mu?) yapısını da kullanabilirsiniz.

Have a go!

- Birisine, onun nereli (hangi ülkeden) olduğunu sorun.
- Siz nereli olduğunuzu söyleyin.
- Milliyetinizi belirtin ve hangi dili konuştuğunuzu söyleyin.
- Bir şeyin doğru olup olmadığını söyleyin.

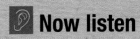

Now listen

More about me
Bana ilişkin ayrıntılar

- Answering questions about myself
- Talking more about my family
- Saying that something isn't the case

- Hakkımdaki soruları yanıtlamak
- Ailemden daha fazla söz etmek
- Bir şeyin, öyle olmadığını söylemek

Do you live in London?

No, I don't.

Yes, I do.

I live . . .

in the suburbs

in the city

in the country

by the sea

Are you married?

Yes, I am.

No, I'm not.

👄 Grammar

Sorulara, aşağıdaki gibi, **evet (öyle), hayır (değil)** şeklinde kısa yanıtlar verebilirsiniz.

Do you . . .

live in Bristol?
have any children?
work in London?

Yes, **I do.**
No, **I don't.**

Are you . . .

married?
here on your own?

Yes, **I am.**
No, **I'm not.**

I'm . . . **married** **single** **divorced**

👂 Now listen

Hello! . . .

Hi! I'm Tess.
Pleased to meet you!

Yes, I'm married.
My husband's name
is Marco. He's Italian.

He works at
the university.

No, we live near
Oxford, in the country.

We have two children, Katie and Paolo.
They're at school. Katie's at primary
— she's in Year 4. Paolo's at secondary.
He's in Year 9.

Katie likes school, but
Paolo doesn't like it.

Yes, I teach French
at Paolo's school.
School starts at nine
and finishes at three.

👁 Tip

İngiltere'de çocuklar 5
yaşındayken okula başlar-
lar ve 16 yaşına gelene
dek okula devam etmek
zorundadırlar. İlk gittikleri
okul, ilkokul (**primary
school**) olarak adlandırılır.
İlkokuldan önce pek çok
çocuk kreş (**nursery**) veya
anaokuluna (**pre-school**)
gidebilir. İlkokulda, hazırlık
sınıfında eğitime başlanır.
Hazırlık sınıfından sonra
sınıflar, 1. yıl, 2. yıl v.b.,
şekilde numaralandırılır.
7. yıl, ortaokulun (**middle
school**) ilk sınıfıdır. Çocuk-
lar, ortaokula, 18 yaşına
gelene dek devam
edebilirler.

✋ Have a go!

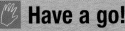

- What did Jake say to Tess?
  Jake, Tess'e ne dedi?
  What's your name? . . .

- Tell someone about Tess.
  Birisine, Tess hakkında bilgi verin.
  Her husband works . . .

- Talk to Jake about your family.
  Jake'e ailenizden söz edin.

👄 Grammar

my husband**'s** name
my wife**'s** name
my children**'s** school

| he/she like**s** | he/she **doesn't** like |

👂 Now listen

What I do
İşim (Mesleğim) nedir

- Saying what job I do
- Asking what you do
- Saying what I do if I don't work
- Talking about my job

- Ne iş yaptığımı söylemek
- Diğer kişilerin ne iş yaptığını sormak
- Çalışmıyorsam, ne yaptığımı söylemek
- İşim hakkında konuşmak

I'm a . . .

| doctor | nurse | teacher | receptionist | police officer | bank clerk |

I'm a journalist. What do you do?

I'm a photographer.

I work in a . . .

hotel

hospital

school

restaurant

shop

company

Grammar

Mesleklerin önünde **bir**, herhangi bir anlamına gelen **a** kullanıldığına dikkat edin.

I'm **a** teacher.

Ancak, eğer sözcük, bir ünlü harf (a, e, i, o, u) ile, ya da bir ünlü gibi ses veren ünsüz bir harf (örneğin, **h**our) ile başlıyorsa, **a** yerine, **an** kullanmanız gerekir.

I'm **an a**ccountant.

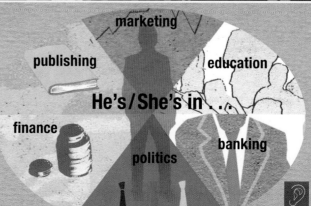

marketing

publishing

education

He's / She's in . . .

finance

politics

banking

Now listen

Do you work?

👁 Tip

Mesleklerden söz etmek, gerçekten yararlı bir sohbet konusudur. Eğer bu konuda ele alınmadıysa, gerekli sözcükleri sözlükten bulun ve böylece, ne iş yaptığınızı, nerede çalıştığınızı ve işiniz hakkındaki düşüncelerinizi ayrıntılarıyla belirtmek için hazırlıklı olun.

👄 Grammar

I **like**	severim/seviyorum
he/she **likes**	sever/seviyor
I **don't like**	sevmem/sevmiyorum
he/she **doesn't like**	sevmez/sevmiyor

I look after my children.
Çocuklarıma **bakarım**.
He looks after his children.
Çocuklarına **bakar**.

✋ Have a go!

• Anna'ya ne iş yaptığınızı ve nerede çalıştığınızı söyleyin. İşiniz hakkında ne düşündüğünüzü belirtin.

• Bu konuda verilen mesleklerin içinden ya da sözlükten, aile bireylerinizin ve arkadaşlarınızın mesleklerini bulmaya çalışın ve ne iş yaptıklarını söyleyin.

He's / She's a . . .

👂 Listening task

Dinleyin ve yanıtlayın.

• Do they like their jobs?
İşlerini seviyorlar mı?

Yes, he / she does.
No, he / she doesn't.

👂 Now listen

Asking about places
Bir yer sormak

- Saying what there is/isn't
- Saying where a place is
- Asking what's near

- Ne olduğunu/olmadığını söylemek
- Bir yerin, nerede olduğunu söylemek
- Yakında ne olduğunu söylemek

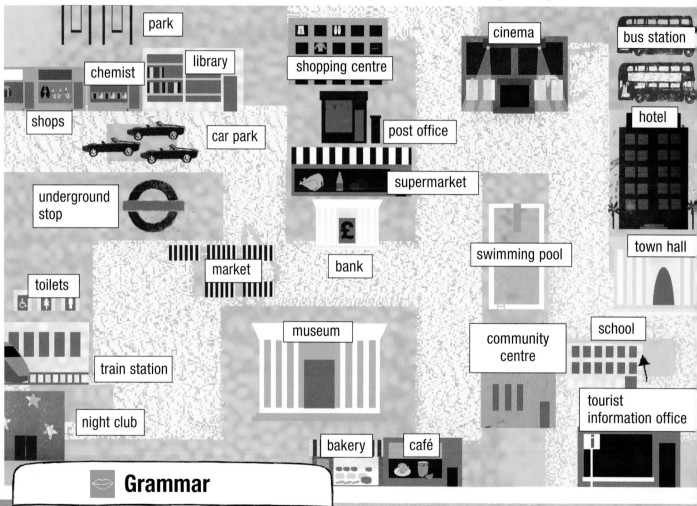

park

chemist

library

shops

car park

shopping centre

cinema

bus station

post office

hotel

underground stop

supermarket

town hall

toilets

market

bank

swimming pool

train station

museum

community centre

school

night club

tourist information office

bakery

café

👄 Grammar

There's a cinema.	**Bir** sinema **var**.
There aren't any shops.	**Hiç** dükkan **yok**.
There isn't a train station.	**Bir** tren istasyonu **yok**.

The museum's very **near**. (yakın, yakında)

The supermarket's quite **far**. (uzak, uzakta)

The hotel is **opposite** the town hall. (karşısında)

The library is **next to** the shopping centre. (bitişiğinde)

The post office is **between** the car park and the cinema. (arasında)

Where I live, there's a cinema, a swimming pool, a school and a bus station.
There isn't a library or an underground stop.
And there aren't any shops.

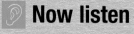 **Now listen**

Excuse me. Is there a post office near here?

Yes, there is. There's one over there, next to the supermarket.

Thank you . . . Is there a bank near here?

A bank? Yes, there's a bank opposite the museum.

Where's the museum?

Go down here and turn right.

Is it far?

No, it's quite near. About two minutes' walk.

And is there a chemist near here?

No, there isn't. There isn't a chemist near here.

Thanks for your help!

You're welcome.

👁 Tip

Tanımadığınız birisiyle – örneğin, bir yol sormak ya da bilgi almak için – konuşmak istediğinizde, **Excuse me** diyerek, kibarca söze başlamak en iyi yoldur. Ardından **Could you help me?** (Bana yardım edebilir misiniz?) sözlerini de ekleyebilirsiniz.
Sir (beyefendi) ya da **madam** (hanımefendi) diye seslenmenize gerek yoktur, çünkü bu sözcükler yalnızca çok resmi ortamlarda kullanılır.

👄 Grammar

Is there a café **near here**?
Buralarda bir kafe **var mı**?
Yes, **there is**.
No, **there isn't**.

Are there toilets / shops **near here**?
Buralarda tuvalet / dükkan **var mı**?
Yes, **there are**.
No, **there aren't**.

✋ Have a go!

• Yaşadığınız yeri gözünüzde canlandırın. Jake'e orada neler olduğunu/olmadığını anlatın. Başvuru kaynağı olarak, 18. sayfadaki resimlerden yararlanabilirsiniz.

• Yeni bir kenti ziyaret ediyorsunuz. Birisine aşağıdaki yerler hakkında soru yöneltin:

 Is there a cinema near here?

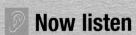 👂 **Now listen**

Asking for directions
Yol sormak

- Asking how to get somewhere
- Understanding directions
- Coping when I can't understand
- Thanking people and responding

- Bir yere nasıl ulaşılacağını sormak
- Yol tariflerini anlamak
- Anlayamadığım zaman, çare bulmak
- Teşekkür etmek ve karşılık vermek

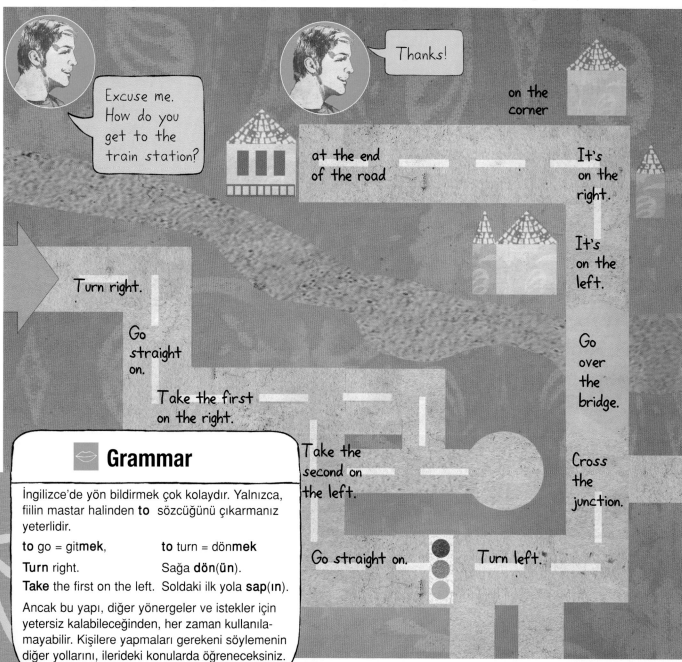

Excuse me. How do you get to the train station?

Thanks!

on the corner

at the end of the road

It's on the right.

It's on the left.

Turn right.

Go straight on.

Go over the bridge.

Take the first on the right.

Take the second on the left.

Cross the junction.

Go straight on.

Turn left.

🗣 Grammar

İngilizce'de yön bildirmek çok kolaydır. Yalnızca, fiilin mastar halinden **to** sözcüğünü çıkarmanız yeterlidir.

to go = git**mek**,   **to** turn = dön**mek**

Turn right.   Sağa **dön(ün)**.

Take the first on the left.   Soldaki ilk yola **sap(ın)**.

Ancak bu yapı, diğer yönergeler ve istekler için yetersiz kalabileceğinden, her zaman kullanılamayabilir. Kişilere yapmaları gerekeni söylemenin diğer yollarını, ileriki konularda öğreneceksiniz.

Excuse me. How do you get to the Odeon cinema?

The Odeon . . . Go along this road to the traffic lights. Cross the road and turn left.

I'm sorry, I didn't catch that. Could you say it again, please?

Of course. Along this road as far as the traffic lights. Cross then turn left.

Thank you.

Then take the third on the right. The Odeon is at the end of the street on the left.

Is it far?

It's not far — about five minutes' walk.

Thank you very much.

No problem!

👁 Tip

Kişilerin ne dediğini anlamakta zorlanıyorsanız, aşağıdaki tümce örnekleri size yardımcı olabilir:

I'm sorry, I didn't catch that. Üzgünüm, anlayamadım

Could you say it again? Tekrar söyler misiniz?

Could you speak more slowly, please? Daha yavaş konuşabilir misiniz, lütfen?

Birisine teşekkür etmek için:
thank you (very much)

ve daha az resmi olarak:
thanks
many thanks
sözcüklerini kullanabilirsiniz.

Yanıt olarak bir şey değil anlamında şunlar söylenebilir:
Don't mention it.
You're welcome.
No problem!

👄 Grammar

Bir şeyin ne kadar uzakta olduğunu aşağıdaki şekillerde belirtebilirsiniz:

five minutes' **walk**
yürüyerek beş dakika

ten minutes **by car**
arabayla on dakika

twenty minutes **on the bus**
otobüsle yirmi dakika

Have a go!

• 20. sayfadaki yol haritasını kullanarak, tarif verme alıştırması yapın. Pembe oktan başlayın.

• Bir arkadaşınıza, onun evinden sizin evinize yol tarif edin.

Listening task

• Yol tarifini/yönleri tekrarlayın.

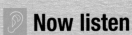 Now listen

How I travel
Nasıl yolculuk yaparım

- Saying how I travel
- Learning the numbers (21–100+)
- Asking for travel information

- Nasıl yolculuk yaptığımı söylemek
- Sayıları öğrenmek (21–100+)
- Yolculuk hakkında bilgi istemek

I go by . . .

motorbike

bike
bus

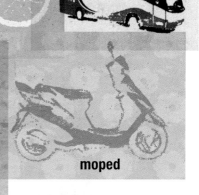
coach
moped

underground
tram

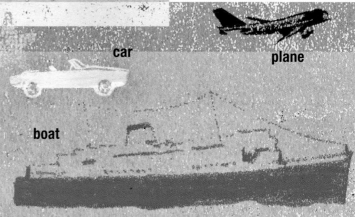
car
plane
train
boat

I go on . . . foot

Grammar

Aşağıdaki kullanımlara
dikkat edin:
by bike, bus, train, etc.
bisiklet**le**, otobüs**le**, tren**le**, v.b.
ancak:
on foot
yayan, yürüyerek

Numbers / Sayılar 21–100+

20	twenty	70	seventy	21	twenty-one	76	seventy-six
30	thirty	80	eighty	32	thirty-two	87	eighty-seven
40	forty	90	ninety	43	forty-three	98	ninety-eight
50	fifty	100	one hundred	54	fifty-four	109	one hundred
60	sixty			65	sixty-five		and nine

 **Now listen**

Excuse me. Is this the right bus for the London Eye?

No, this bus goes to Pimlico.

Which bus goes to the London Eye?

You can take the number 211 or the RVI. The 211 comes every 10 minutes. There's one due soon.

Thanks.

You're welcome.

Excuse me. Is this the right line for the London Eye?

Yes, you can get to the London Eye from here. I think Embankment is the nearest stop. Take the Central line eastbound. You need a train going to Tottenham Court Road. Get off there and change to the Northern line southbound. It's two or three stops to Embankment, I think.

Central line to Tottenham Court Road, then Northern line to Embankment?

That's right.

Many thanks.

Have a go!

• Anna'ya, okula/işe/alışverişe kütüphaneye, v.b. nasıl/ne ile gittiğinizi söyleyin. Tümceleri oluşturmak için öğrendiğiniz sözcükleri kullanın.

I go to school by bus.

• Öğrendiğiniz İngilizce sayıları, her gün kullanarak pekiştirmeye çalışın. Bir otobüs numarası, bir sayfa numarası ya da bir telefon numarası gördüğünüzde, İngilizce'sini söylemeye çalışın. Bu alıştırma, gerçekten, sayıları anımsamanıza yardımcı olacaktır.

👄 Grammar

Which bus goes to the National Gallery?
Hangi otobüs Ulusal Galeri'ye gider?

need sözcüğünün ardından, fiillin mastar hali gelmelidir:

You **can take** the number 43.
43 numaralı otobüse **binebilirsiniz.**
ancak:
You **need to catch** the number 51.
51 numaraya **yetişmeniz gerekir.**

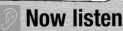 **Now listen**

Buying food
Yiyecek satın almak

- Shopping for food
- Learning bigger numbers
- Expressing quantities
- Asking if items are available

- Yiyecek alışverişi yapmak
- Daha büyük sayıları öğrenmek
- Miktarları belirtmek
- Ürünlerin mevcudiyetini sormak

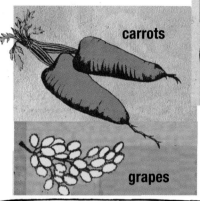

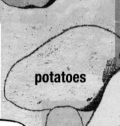

carrots

apples

grapes

potatoes

strawberries

tomatoes

peppers

chicken

fish

⬛ Grammar

Some (biraz, bazı) sözcüğünü, bu sayfada belirtilen tüm gıda ürünleri için kullanabilirsiniz ya da aşağıdaki miktar belirten sözcüklerden yararlanabilirsiniz:

a kilo of apples
half a kilo/500 grams of grapes
a quarter of a kilo/250 grams of cheese

a packet of biscuits/sweets/crisps
a bar of chocolate
a punnet of strawberries

a carton of fruit juice/milk
a bottle of mineral water

a cake
a chicken

149	one hundred and forty-nine
200	two hundred
350	three hundred and fifty
490	four hundred and ninety
1000	a thousand
1425	one thousand four hundred and twenty-five

mineral water

rice

apple juice

orange juice

biscuits

cake

chocolates

crisps

⬛ **Now listen**

Good morning.
What would you like?

Do you have any grapes?

Yes — lovely grapes.
Very sweet.

I'll have half a kilo.

500g of grapes . . .
here you are.

And some apples, please.

How many would you like?

I'll have four of those.

Anything else?

Yes — some cheese,
please.

How much would you like?

250g . . . And a punnet
of strawberries.

Is that everything?

Yes, that's
everything, thanks.

Grapes, apples, cheese,
strawberries . . . that's
£6.75 (six pounds
seventy-five).

Thank you.

Ten pounds — that's 3.25
(three twenty-five) change.

Thanks. Bye.

Tip

İngiltere'de para birimi olarak **pound** kullanılır. 100 pence, 1 pound (£1) eder. **Pence**, yazım dilinde, **p** olarak kısaltılır ve çoğunlukla 'pi' olarak söylenir. **Pound** ve **pence**'den oluşan fiyatları söylerken, **pence** sözcüğü çoğunlukla söylenmez, **pound(s)** sözcüğü de bazen söylenmeyebilir: £1.50 – **one pound fifty/one fifty**.

Grammar

İngilizce'de bazı isimler sayılamayan (**uncountable**) olarak adlandırılır: water, juice, cheese, rice, pasta, cereal, v.b.

Bu isimlerin çoğulu yoktur, ayrıca, **a/an** sözcükleri ile ya da sayılar ile birlikte kullanılamazlar. Bu kullanımı, sayılabilen (**countable**) isimler ile kıyaslayın: apple: **two** apples, **an** apple.

Sayılamayan isimler ile **How much . . . ?** (Ne kadar . . .?), sayılabilen isimler ile **How many . . . ?** (Kaç tane . . . ?) soru şekillerini kullanmanız gerekir.

How **much** cheese would you like?
How **many** apples would you like?

some (biraz, bazı), **any** (hiç) ve **a lot of** (çok, pek çok), sayılabilen ve sayılamayan isimlerin her ikisi ile birlikte kullanılabilir.

I'd like **some** cheese/apples.
Do you have **any** cheese/apples?
She buys **a lot of** cheese/apples.

Have a go!

• Bir dükkandasınız. Dükkan sahibine, istediğiniz şeyleri anlatın: *bananas, tomatoes, pizza, mineral water, apple juice* ve *crisps*. Miktarlarını da belirtin. Konuşmanızda *hello, please, thank you* ve *goodbye* sözcüklerini de kullanmayı unutmayın.

• Mutfaktasınız. Çevrenizde gördüğünüz tüm yiyeceklerin İngilizcesini söyleyebilir misiniz? Miktarlarını da belirtmeyi unutmayın.

Listening task

• What does Jake buy?
Jake ne satın alıyor?

• How much is it?
Ne kadar tutuyor?

Now listen

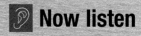

Buying clothes
Giysi satın almak

- Learning the words for clothes
- Learning how to describe clothes
- Talking about sizes
- Getting help in a shop

- Giysiler ile ilgili sözcükleri öğrenmek
- Giysilerin nasıl tanımlanacağını öğrenmek
- Beden ölçülerinden söz etmek
- Bir dükkanda yardım almak

green trousers

orange shorts

a pink skirt

brown shoes

white trainers

black boots

a white T-shirt

a blue jacket

a red tie

blue jeans

an orange coat

black tights

a grey shirt

a purple dress

a green sweatshirt

a pink jumper

blue socks

purple sandals

a red hat

a yellow cap

a brown belt

Grammar

Renkler sıfattır. Sıfatlar, isimleri niteler ve isimlere ilişkin ayrıntı belirtirler. İngilizce'de sıfatlar, tekil ve çoğul isimler için aynıdır.

a **red** coat – it's **red**

blue jeans – they're **blue**

İngilizce'de, **jeans**, **trousers**, **shorts**, **tights** gibi sözcüklerin tümünün, çoğul olduğuna dikkat edin. Bu sözcüklerin başına, **a pair of** . . . (bir çift . . .) getirebilirsiniz, ancak **bir** anlamı veren **a, an** ya da **one** getiremezsiniz.

small

too small

very small

big

too big

very big

 **Now listen**

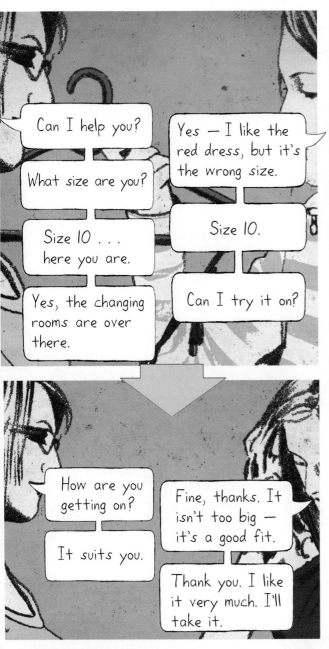

Can I help you?

Yes — I like the red dress, but it's the wrong size.

What size are you?

Size 10.

Size 10 . . . here you are.

Can I try it on?

Yes, the changing rooms are over there.

How are you getting on?

Fine, thanks. It isn't too big — it's a good fit.

It suits you.

Thank you. I like it very much. I'll take it.

Can you help me, please? I'm looking for some shoes. I like the black ones. Do you have them in a size 39?

I'm sorry — we don't. We have them in a 39 in blue or brown.

Can I see the blue, please?

I'll just get them... This is size 39 in the blue. Would you like to try them on?

Thank you . . . They're too small.

Try the 40 . . . Do they fit?

Yes, that's much better. I'll take them, thanks.

👁 Tip

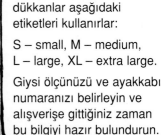

Numaralandırılmış giysi ölçülerinin yanı sıra, bazı dükkanlar aşağıdaki etiketleri kullanırlar:

S – small, M – medium, L – large, XL – extra large.

Giysi ölçünüzü ve ayakkabı numaranızı belirleyin ve alışverişe gittiğiniz zaman bu bilgiyi hazır bulundurun.

✋ Have a go!

- Bir dükkandasınız. Satış elemanından yardım isteyin. Pantolon, tişört ve bot denemek istiyorsunuz. Ölçülerinizi belirleyin ve rengi seçin, sonra satış elemanı ile konuşmayı oluşturun.

- Bir dergiye bakın. İnsanlar ne gibi giysiler giymişler. Ayrıntıları ile anlatmaya çalışın.

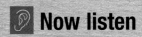 **Now listen**

Buying presents
Hediye satın almak

- Describing what I want
- Comparing things
- Making myself understood
  when I don't know the word

- Ne istediğimi tanımlamak
- Nesneleri kıyaslamak
- Sözcüğü bilmediğimde,
  durumun üstesinden gelmek

It's a present.

book
bottle of wine
necklace
watch
bag
DVD
CD
box of chocolates
soft toy
sweets

Grammar

The **comparative** (kıyaslama) iki şeyi kıyaslamak için kullanılır.

Tek ve iki heceli kısa sıfatların sonuna, **-er** gelir: (**y ➞ i** dönüşümüne dikkat edin.)

cheap	ucuz
cheap**er**	**daha** ucuz
pretty	hoş
pretti**er**	**daha** hoş

Uzun sıfatların önüne **more** sözcüğü gelir:

expensive	pahalı
more expensive	**daha** pahalı

A soft toy is **cuter than** a bag.
A watch is **more useful than** a necklace.

Bazı sıfatların (**good, bad,** v.b.) kıyaslama biçimleri düzensizdir:

This book is **good**, but that book is **better**.
The green hat is **bad** but the blue is **worse**!

pretty useful
boring interesting
exciting delicious
good cute
expensive cheap

I'm looking for a present for Emma.

What does she like?

She likes books and CDs. Is this book good?

Not really — it's quite boring. What about a necklace? Look at those . . .

Now listen

I'm looking for a necklace for my sister.

Maybe the blue ones are prettier than the green. How much are they?

That's quite expensive. Do you have anything cheaper?

The purple one is better, I think. I'll take that one.

By credit card.

These green necklaces are pretty.

Those necklaces are £45.

This pink one is £30 — or we have this purple necklace at £35.

How are you paying?

Could you key in your number, please?

And here's your receipt. Thank you very much.

Tip

Eğer bir İngiliz arkadaşınız, sizi, evinde yemeğe davet ederse, küçük bir hediye götürmeniz çok hoş olur: bir şişe şarap, bir kutu çikolata ya da bir demet çiçek gibi. Kendi ülkenize özgü bir hediye, daha da iyi bir fikir olabilir. Eğer evde çocuklar varsa, onlara şeker v.b. götürmeniz de uygun olur.

Grammar

Yakındaki bir şey(ler)den söz etmek için, **this** (bu) ya da **these** (bunlar) sözcüklerini kullanabilirsiniz.

Is **this** book good?
How much are **these**?

Daha uzaktaki bir şey(ler)den söz etmek isterseniz, **that** (şu/o) ya da **those** (şunlar/onlar) sözcüklerini kullanabilirsiniz.

Can I see **that** soft toy, please?
Can I try **those** jeans in pink, please?

This/that (one) ya da **these/those (ones)** sözcüklerini tek başlarına kullanabilirsiniz – özellikle, İngilizce karşılığını bilmediğiniz bir şeyden söz etmek için bu sözcükler çok yararlıdır.

Can I try **this** in a size 10, please?
What about **these**?
I think **that one** suits you.
Those ones are too expensive.

Have a go!

- 28. sayfada bulunan tüm resimlere bakın, **this** ya da **these** sözcüklerinden uygun olanını kullanarak, fiyatının ne kadar olduğunu sorun.

- Şimdi, resimlerdeki nesneleri tanımlayın. Her biri için bir sıfat seçin.

an interesting DVD

 Now listen

Review 1
Tekrar

1 Add the verb Fiili ekleyin

1 I _have_ two brothers.
2 My name _____ Anna.
3 I _____ it very much.
4 We _____ Jake's parents.
5 Where _____ you from?
6 She _____ English.
7 This _____ my friend Amir.
8 He _____ in a hospital.
9 I _____ a photographer.
10 _____ a supermarket near here?

2 Find the food Yiyeceği bulun

1 neckchi   _chicken_
2 cutibiss   _____
3 tamesoot   _____
4 bareswetirrs   _____
5 gareno eciju   _____
6 ktepac fo etewss _____
7 xbo fo hotscolace _____
8 lebtot fo newi   _____
9 loik fo peasgr   _____
10 noctra fo klim   _____

3 Write the nationality and the language
Milliyeti ve konuşulan dili yazın

1 I'm from Spain   I'm Spanish. I speak Spanish.
2 I'm from China.   _____
3 I'm from Russia.   _____
4 I'm from the United States. _____
5 I'm from Brazil.   _____

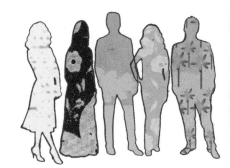

4 Answer the questions Soruları yanıtlayın

1 What's your name?
2 How are you?
3 What's your phone number?
4 What's your address?
5 Where are you from?

6 Are you English?
7 Are you married?
8 Do you live in the country?
9 What do you do?
10 Do you like your job?

5 Put the words in the right order
Sözcükleri doğru sıraya yerleştirin

1   chemist here a near there is? _Is there a chemist near here?_

2   bus get do to how you station the? _____

3   to this along lights road the traffic go. _____

4   take right on second the then the. _____

5   right London the for the is Eye this bus? _____

6   please grapes some like I'd. _____

7   like much very I it. _____

8   have 39 a size you in do them? _____

9   them in try please I orange can _____

10 one this that is than interesting CD more. _____

6 Buying a present Bir hediye satın alma

Verilen sözcükleri kullanarak, satış elemanına yanıt
verin. Eğer yardıma gereksiniminiz olursa, Ünite 4'e
bakabilirsiniz.

• Can I help you?

— looking / present / brother _I'm looking for a present for my brother._

• What does he like?

— CDs / DVDs _____

• What about this DVD? It's very exciting.

— not / his / thing _____

— that / one? _____

— good? _____

• That one is even better. It's more exciting.

— how / much? _____

• This one costs £19.99.

— too / expensive _____

— cheaper? _____

• This DVD is cheaper and it's more interesting than the first one.

— take / it _____

— thanks _____

Getting information
Bilgi edinmek

- Learning the days of the week
- Getting details of a class
- Saying when I do things
- Talking on the telephone

- Haftanın günlerini öğrenmek
- Bir sınıfın (dersin) ayrıntılarını istemek
- Neyi, ne zaman yaptığımı söylemek
- Telefonda konuşmak

MONDAY

On Mondays
I go to the gym.

TUESDAY

On Tuesdays
I do the shopping.

WEDNESDAY

On Wednesdays
I watch television.

THURSDAY

On Thursdays
I don't do anything.

FRIDAY

On Fridays
I see my friends.

SATURDAY

On Saturdays
I go to the cinema.

SUNDAY

On Sundays
I have a rest!
I read the paper,
drink coffee and
listen to the radio.

👄 Grammar

On Monday**s** I go to the gym.
from Monday **to** Friday
Present tense: Burada kullanılan zaman geniş zamandır (the **present simple**): Bu, şu ana kadar kullanmakta olduğumuz fiil biçimidir. Düzenli bir şekilde gerçekleşen eylem ve durumları anlatmak için kullanılır.

On Mondays I **go** to the gym.
Pazartesi günleri jimnastik salonuna giderim.

I work from Monday to Friday, but in the evenings and at the weekend, I have free time.

👂 Now listen

Hello? Is that Norton College?

Yes, it is.

I'm calling about the language classes.

Are you looking for a French course? I'm afraid they're all fully booked.

No, I'm interested in Spanish.

What level are you?

Beginner, I think. I know a little Spanish, but not much.

Beginner . . . yes, there are places in the beginner Spanish class. That's on Tuesdays.

When does it start?

On Tuesday the 20th of September. It starts at seven o'clock and finishes at eight.

How much does it cost?

It's £40 a term. You can send us a cheque or pay on the night.

That sounds great. Thank you.

Tip

Telefona yanıt verdiğiniz zaman, tüm söylemeniz gereken **Hello**'dur.

Birisini ararken, telefondaki kişinin aradığınız kişi olup olmadığını doğrulamak için **Hello, is that . . . ?** diyebilirsiniz.

Grammar

İngilizce'de, *konuşulan anda* gerçekleşen eylemleri anlatmak için kullanılan zaman, şimdiki sürekli zaman (the **present continuous**) olarak adlandırılır.

I'm calling about the language classes.
Are you **looking** for a French course?

Bu zamanın nasıl oluştuğunu görmek için sayfa 40'a bakabilirsiniz.

What time is it?

It's three o'clock.
It's four o'clock.

It starts **at** six o'clock and finishes **at** nine.

o'clock sözcüğünün bazen kullanılmadığına dikkat edin.

Have a go!

- Jake'in her gün ne yaptığını söyleyin. Onun günlüğündeki resimleri kullanın, ancak tümcelere bakmayın!

On Mondays, I go to the gym.

- What time is it?
  Saat kaç?

3.00	It's 3 o'clock
4.00	6.00
7.00	1.00
10.00	8.00
12.00	9.00

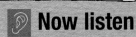 Now listen

Booking a place
Kayıt Yaptırmak

- Learning dates
- Talking about time
- Asking for information
- Booking a place

- Tarihleri öğrenmek
- Zaman hakkında konuşmak
- Bilgi istemek
- Kayıt yaptırmak

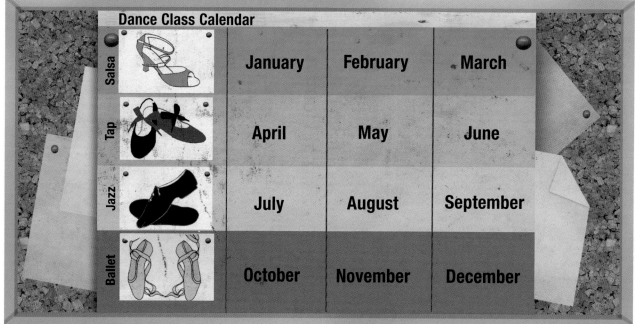

Dance Class Calendar

Salsa	January	February	March
Tap	April	May	June
Jazz	July	August	September
Ballet	October	November	December

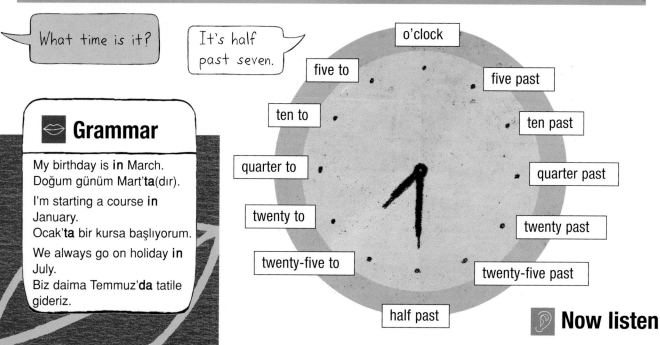

What time is it?

It's half past seven.

o'clock
five to — five past
ten to — ten past
quarter to — quarter past
twenty to — twenty past
twenty-five to — twenty-five past
half past

Grammar

My birthday is **in** March.
Doğum günüm Mart'**ta**(dır).

I'm starting a course **in** January.
Ocak'**ta** bir kursa başlıyorum.

We always go on holiday **in** July.
Biz daima Temmuz'**da** tatile gideriz.

Now listen

Hello — Active Dance.

Hello, I'm calling about your salsa dance class.

Oh, yes. How can I help you?

When is it on?

The class is on Friday nights. The next course starts in January . . . Let's see . . . It starts on the 14th of January.

At what time?

Half past seven until nine.

Are there any places free?

Yes, there are. But it's quite popular — if you're interested, you should book soon.

I'm a complete beginner — does that matter?

It doesn't matter at all! We teach all levels.

Can I book a place, please?

Of course. Can you hang on a minute? I'll just get a pen and take your details . . .

Have a go!

- Tarihleri çalışın. Aile bireylerinizin ve arkadaşlarınızın doğum günlerini söyleyin.

My mother's / Her birthday is on the fifth of June.

- Bir dans sınıfına katılmak istiyorsunuz. Bu sınıf hakkında her şeyi öğrenmeniz gerekiyor. Hangi soruları sormanız gerektiğini düşünün.

👄 Grammar

İngilizce'de tarihler, **ordinal numbers** (sıra sayıları) kullanarak belirtilir: 1st, 2nd, 3rd, v.b.

My birthday is **on** the first **of** May. Doğum günüm Mayıs'**ın** birin**de**(dir).

1st	first	bir**inci**
2nd	second	iki**nci**
3rd	third	üç**üncü**
4th	fourth	dörd**üncü**
5th	fifth	beş**inci**

Sıra sayılarının oluşturulması için, bazı kural dışı yapıların dışında, sayıya **th** eklenmesinin yeterli olduğuna dikkat edin.

8th	eighth	sekiz**inci**
9th	ninth	dokuz**uncu**
12th	twelfth	on iki**nci**
20th	twentieth	yirmi**nci**
21st	twenty-first	yirmi bir**inci**
30th	thirtieth	otuz**uncu**
31st	thirty-first	otuz bir**inci**

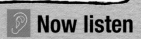 **Now listen**

Giving details
Ayrıntıları bildirmek

- Spelling my name
- Giving details
- Confirming some arrangements

- Adımı harf harf bildirmek
- Ayrıntıları vermek
- Bazı düzenlemeleri onaylamak

> How do you spell your surname? Is it Miller with an E?

> No, with an **A** for apple. M — I — L — L — A — R.

Alphabet:

A B C D E F
G H I J K L
M N O P Q R
S T U V W X
Y Z

👁 **Tip**

İngilizce'de bazı harfler birbirlerine benzer ses verirler . Hangi harfi söylediğinizi daha açık bir şekilde belirtmek istiyorsanız, Anna'nın yaptığı gibi, ilgili harf ile başlayan basit ve bilinen bir sözcüğü (Türkçe'de olduğu gibi) seçip kodlayın: **a for apple** (*apple* sözcüğünün **a**'sı) v.b.

İngiltere'de kişiler önce adlarını (**Anna**) sonra soyadlarını (**Millar**) söylerler: **Anna Millar.**

Bir çok kişi adının, aile bireyleri ve arkadaşlar arasında kullanılan, kısaltılmış biçimleri vardır. (Örneğin, **James** için **Jim**, **Thomas** için **Tom**.) Eğer birisi adının Jim olduğunu söylerse, onu Jim olarak çağırabilirsiniz. Ancak kendisini **James** olarak tanıştırırsa, aksini söylemedikçe, onu **Jim** olarak çağırmayın.

👂 **Now listen**

I'd like to book some lessons for my son, please — in the advanced class.

Has he been here before?

No, he hasn't.

OK — I just need to take some details . . . What's your son's name?

Paolo Vincente.

How do you spell that?

Paolo — that's P — A — O — L — O and Vincente — that's V — I — N — C — E — N — T — E.

Thank you. How old is he?

He's thirteen.

Great. Could you write your telephone number here, please, and sign the form?

That's £45, please.

Thanks.

So, the course starts on Friday the 22nd at 4.30 [four thirty] and it runs for eight weeks?

That's right.

Tip

Saatler, Türkçe'de olduğu gibi, aşağıdaki biçimlerde de söylenebilir:

5.20	five twenty
6.30	six thirty
8.55	eight fifty-five

Ayrıca, özellikle yolculukla ilgili çizelgelerde, 24-saatlik dilim kullanılır.

Ör: 20.40 (**twenty-forty**).

Bu kullanıma karşın, günlük konuşmada, kişiler çoğunlukla saatleri 12-saatlik dilime çevirerek kullanırlar. Örneğin: 13.15 – **The train leaves at one fifteen.** (Tren bir on beş'te kalkıyor)

Have a go!

- Kendi adınızı ve ailenizdeki tüm bireylerin adlarını harf harf söyleyin.

Listening task

- Dinleyin ve aşağıya yanıtları yazın.

What is the course?
Kurs, ne ile ilgili?

When is it on?
Hangi günler?

When does it start?
Ne zaman başlıyor?

How much does it cost?
Ücreti nedir?

Grammar

Has he/she **been** here before?
O daha önce burada **bulundu mu**?
No, he/she **hasn't**.
Hayır, bulunmadı.

Now listen

Travelling by train
Trenle yolculuk yapmak

- Asking about train times
- Asking for other travel details
- Buying a ticket

- Tren saatlerini sormak
- Diğer yolculuk ayrıntılarını sormak
- Bilet satın almak

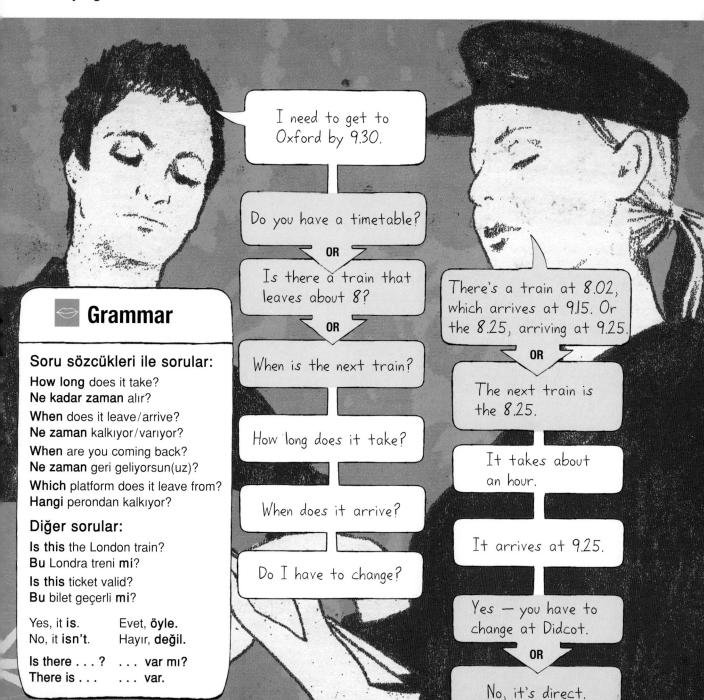

👄 Grammar

Soru sözcükleri ile sorular:

How long does it take?
Ne kadar zaman alır?

When does it leave / arrive?
Ne zaman kalkıyor / varıyor?

When are you coming back?
Ne zaman geri geliyorsun(uz)?

Which platform does it leave from?
Hangi perondan kalkıyor?

Diğer sorular:

Is this the London train?
Bu Londra treni **mi**?

Is this ticket valid?
Bu bilet geçerli **mi**?

Yes, it **is**.   Evet, **öyle**.
No, it **isn't**.   Hayır, **değil**.

Is there . . . ?   . . . var mı?
There is . . .   . . . var.

I need to get to Oxford by 9.30.

Do you have a timetable?

OR

Is there a train that leaves about 8?

OR

When is the next train?

There's a train at 8.02, which arrives at 9.15. Or the 8.25, arriving at 9.25.

OR

The next train is the 8.25.

How long does it take?

It takes about an hour.

When does it arrive?

It arrives at 9.25.

Do I have to change?

Yes — you have to change at Didcot.

OR

No, it's direct.

Tip

Günün hangi saatinde yolculuk etmek istediğinize bağlı olarak, farklı bilet çeşitleri vardır. **Off peak** (indirimli) tarife ile – 9.00/ 16.00 arasında ya da 18.30'dan sonra – yolculuk edebilirseniz, biletler daha ucuzdur.

İngiltere, metrik ölçü birimi (santimetre, metre) kullansa da, tüm yolculuk mesafeleri **mil** olarak belirtilir. (1 km = about $^5/_8$ **mile**).

Bazen tren istasyonlarında yeni ve/veya son bilgileri vermek için anons yapılır. Bunlar her zaman çok net anlaşılamayabilir. Bu nedenle anahtar sözcükler üstüne yoğunlaşmalısınız:

The 7.04 to Birmingham is running approximately 10 minutes **late**. (**geç kalkıyor.**)

The 12.18 to London is **delayed**. (**gecikmeli**dir.)

This service has been **cancelled**. (**iptal edilmiş**tir.)

The 17.10 Cathedrals Express **will depart** from **Platform** 4. (**peron**dan **kalkacaktır**)

✍ Have a go!

• Bir otobüs ya da tren tarifesini yeniden düzenleyin. İngilizce olarak ve yüksek sesle okuyarak alıştırma yapın.

• Trenle bir yere gitmek istiyorsunuz: 12.30' da orada olmalısınız ve akşam 7.30 gibi ayrılmalısınız. Tren istasyonunda neler soracağınızı planlayın.

👂 Now listen

At the airport
Havaalanında

- Saying what I'm going to do
- Checking in at the airport

- Ne yapacağımı söylemek
- Havaalanında kayıt işlemi yaptırmak

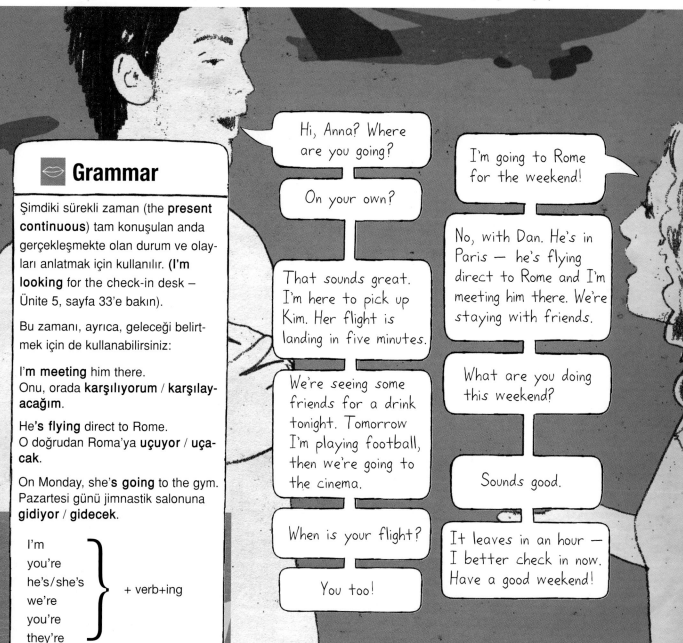

👄 Grammar

Şimdiki sürekli zaman (the **present continuous**) tam konuşulan anda gerçekleşmekte olan durum ve olayları anlatmak için kullanılır. (**I'm looking** for the check-in desk – Ünite 5, sayfa 33'e bakın).

Bu zamanı, ayrıca, geleceği belirtmek için de kullanabilirsiniz:

I'm **meeting** him there.
Onu, orada **karşılıyorum / karşılayacağım**.

He's **flying** direct to Rome.
O doğrudan Roma'ya **uçuyor / uçacak**.

On Monday, she's **going** to the gym.
Pazartesi günü jimnastik salonuna **gidiyor / gidecek**.

I'm
you're
he's/she's   } + verb+ing
we're
you're
they're

I'm going
we're meeting
they're coming

Hi, Anna? Where are you going?

On your own?

That sounds great. I'm here to pick up Kim. Her flight is landing in five minutes.

We're seeing some friends for a drink tonight. Tomorrow I'm playing football, then we're going to the cinema.

When is your flight?

You too!

I'm going to Rome for the weekend!

No, with Dan. He's in Paris — he's flying direct to Rome and I'm meeting him there. We're staying with friends.

What are you doing this weekend?

Sounds good.

It leaves in an hour — I better check in now. Have a good weekend!

🎧 Now listen

 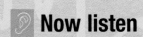
Have a go!

• Sizin/ailenizin hafta sonu yapacağı şeylerin bir listesini yapın. Gereksinim duyarsanız bir sözlük kullanın.

I'm going to the cinema with my boyfriend/girlfriend.

• Şimdi, bu hafta sonu yapmak istediğiniz her şeyi yapabileceğinizi hayal edin ve bir liste hazırlayın. Şu ana kadar öğrendiğiniz sözcükleri, olabildiğince kullanmaya çalışın.

I'm flying to Cannes. I'm going to the film festival.

Now listen

Making a booking
Yer ayırtmak

- Booking a room in a hotel
- Booking a table in a restaurant

- Otelde bir oda ayırtmak
- Restoranda bir masa ayırtmak

👁 Tip

Aşağıdaki tümceler, yolculuk ya da kalacak yer ayırtma sırasında size çok yararlı olabilir:

Do you have a single/double room free for tonight/two nights?
Bu gece/iki gece için tek/çift kişilik boş odanız var mı?

Do you have a family room/room for four people?
Aile odası/dört kişilik odanız var mı?

with a bathroom
banyolu

Can I see the room, please?
Odayı görebilir miyim, lütfen?

Kredi kartı numaraları da, telefon numaraları gibi, birer birer söylenir. Ancak art arda iki aynı sayı geliyorsa, başında **double** sözcüğü kullanmalısınız. Bu durumda, Jake'in kredi kartı, **six – five – double four** olarak söylenir.

I'd like to book a room, please.

Yes, of course. When for?

From the 9th of November to the 12th.

The 9th to the 12th . . . for 3 nights. Single or double?

A double room, with a shower.

Yes, we have a double room with shower available.

How much is it?

£55 a night.

Is breakfast included?

Yes, it is.

I'll take it. My name is Jake Ravens.

Could I take your credit card number, Mr Ravens?

Yes, of course. It's 6544 . . .

Thank you, Mr Ravens. We look forward to seeing you on the 9th.

👂 Now listen

Hello. I'd like to book a table for tonight.

For how many people?

For six people.

At what time?

Around 7.30, 8 o'clock?

We're quite busy early on . . . Would 8.30 be all right?

8.30's fine. My name's Millar.

Millar. Can I take a contact telephone number? . . .

Yes — it's 656 . . .

So, that's a table for six at 8.30.

Yes. Thank you.

👁 Tip

Bir otelden yer ayırttığınız zaman, genellikle size kredi kartı bilgileriniz sorulur. Odadan ayrılıncaya kadar her hangi bir ödeme istenmez. Ancak yine de eğer otele gelmezseniz ve rezervasyonunuzu iptal ettirmezseniz, ödemeniz gereken bir ücret olabilir.

Restoranlar genellikle kredi kartı bilgilerinizi istemezler, ancak gerektiğinde sizinle bağlantı kurabilmek için telefon numaranızı alırlar.

👄 Grammar

For **how many** nights?
Kaç gece için?

For **how many** people?
Kaç kişi için?

I'd like to book a table **for tonight**.
Bu gece için bir masa ayırtmak istiyorum.

I'd like to book a table **for Saturday**.
Cumartesi için bir masa ayırtmak istiyorum.

£55 **a night**. Gecesi 55 pound.
£40 **a term**. Dönemi 40 pound.

✋ Have a go!

• Bir masa ayırtın:
7 kişilik / 9.30'da / Cuma gününe

I'd like to book a table for seven at nine thirty / half past nine on Friday.

4 kişilik / 8.15 / Cumartesi
5 kişilik / 6 .30 / Çarşamba 24 Temmuz
2 kişilik / 8.00 / Perşembe 21 Aralık

👂 Listening task

• Dinleyin ve ayrıntıları not alın.

What kind of room does Anna want?
Anna ne tür bir oda istiyor?

When does she want it and for how long?
Odayı ne zaman ve ne kadar süre için istiyor?

How much does it cost?
Odanın maliyeti ne kadardır?

👂 Now listen

Visiting a friend
Bir arkadaşı ziyaret etmek

- Giving/accepting/refusing an invitation
- Making/accepting/refusing offer
- Learning some snacks and drinks

- Davet etmek/bir daveti kabul etmek/reddetmek
- Bir teklif yapmak/bir teklifi kabul etmek/reddetmek
- Bazı yiyecek ve içecekleri öğrenmek

👁 Tip

Please help yourself/ yourselves (kendin al/ kendiniz alın) ifadesi oldukça kullanışlıdır. (Bir kişi ile konuşurken: **yourself**, birden fazla kişi ile konuşurken: **yourselves**). Hem her nesnenin adını hatırlamak zorunda kalınmaz hem de dostça bir ifade biçimidir.

👄 Grammar

Would you like . . .	a biscuit?
	a cheese sandwich?
	some milk?
	some more cake?
	another sandwich?
	some more?
Could I have . . .	tea, please?
	a cup of coffee, please?
	some sugar, please?
	a glass of water, please?

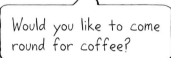

Would you like to come round for coffee?

Thanks — I'd love to!

I'm sorry, I can't.

Would you like tea or coffee?

Could I have tea, please?

I'll have coffee, please.

Please help yourselves to biscuits.

Would you like some more cake?

Yes, please . . . It's delicious!

No, thanks. I'm fine.

Some more coffee, Tess?

Thank you.

👂 Now listen

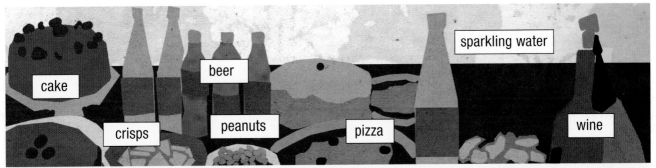

Grammar

What would you like . . .	to eat?
	to drink?
Can I get you . . .	something to eat?
	something to drink?
Would you like . . .	a glass of red wine?
	a glass of sparkling water?
	a beer?
	a slice of pizza?
	some water?
	some peanuts?
	some crisps?
	Sayılabilen ve sayılamayan isimleri pekiştirmeniz için, sayfa 25'e bakabilirsiniz.

Have a go!

• Arkadaşlarınızı, evinize davet ettiğinizi düşünün. Onları karşılamak için hangi sözcükleri kullanırsınız ve onlara yemeleri ve içmeleri için ne önerirsiniz?

• Bir süpermarkete gittiğinizde, oradaki sayılabilen ve sayılamayan nesneler ile ilgili alıştırmalar yapın. Ya da bu tür bir alıştırma için mutfağınızdaki yiyecekleri kullanın.

Listening task

• What does the woman have?
Kadın ne alıyor?

• What does the man have to eat and drink?
Adam yemek ve içmek için ne alıyor?

Now listen

Ordering in a café
Bir kafede sipariş vermek

- Saying how I'm feeling
- Making a suggestion
- Ordering a drink/snack

- Nasıl hissettiğimi söylemek
- Bir öneride bulunmak
- Bir şey sipariş etmek

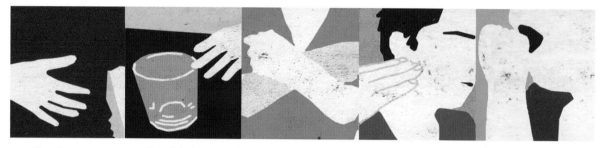

I'm hungry.   **I'm thirsty.**   **I'm cold.**   **I'm hot.**   **I'm tired.**

Do you fancy a coffee?

Shall we go to Valerio's?

Good idea. I'm really tired!

That would be lovely!

👄 Grammar

I'm starving! = I'm **very**/**really** hungry!
I'm parched! = I'm **very**/**really** thirsty!
I'm exhausted! = I'm **very**/**really** tired!
I'm freezing! = I'm **very**/**really** cold!
I'm boiling! = I'm **very**/**really** warm!

Diğer kişilerin nasıl hissettikleri hakkında konuşmak için **to be** fiilinin gerekli biçimlerini kullanmaya dikkat edin:

I'm	we're
you're	you're
he's/she's/it's	they're

👂 **Now listen**

> **Could we see a menu, please?**
>
> **Of course.**
>
> **What are you having?**
>
> **I'm quite hungry . . . I think I'll have coffee and a sandwich. A chicken and tomato sandwich. What about you?**
>
> **I can't decide. I don't think I feel like a snack.**
>
> **What about some cake?**
>
> **Yes, that sounds good.**
>
> **Are you ready to order?**
>
> **Yes, I think so. A cappuccino and a salmon baguette, please.**
>
> **I'll have an espresso and . . . a piece of chocolate cake. Thank you.**
>
> **I thought you said a chicken sandwich?**
>
> **I changed my mind!**

Tip

İngilizce'de, kişiler, **please** ve **thank you** sözcüklerini çok fazla kullanırlar. Yalnızca **yes** veya **no** demek, az da olsa, kabalık olarak dağerlendirilir. **Please** sözcüğü, bir şey istediğiniz her zaman; **thank you** ise, birisinin size bir şey verdiği ya da sizin için bir şey yaptığı her zaman kullanılır. Dışarıda yemeğe gittiğinizde, garsonu çağırmak için, **excuse me** ifadesini kullanmalısınız. İşaret etmek ya da benzer şekilde çağırmak, çoğunlukla kabalık olarak değerlendirilir.

Grammar

Eğer birisine, size ait olan ya da parasını sizin ödeyeceğiniz bir şeyi önereceksiniz, **What would you like?** (Ne istersin(iz)?) tümcesini kullanabilirsiniz. Restoran ve kafe gibi, ödemeyi paylaşacağınız yerlerde ise, **What are you having?** (Ne alacaksın(ız)/alıyorsun(uz)?) tümcesini kullanmanız uygun olur.

I think (sanırım) ve **I don't think** (sanmıyorum) kalıpları bir şey hakkında tam olarak karar verilemediği zaman sıkça kullanılır.

I think I'll have a sandwich. **I don't think** I feel like a snack.

Have a go!

• **to be** fiilini çalışın. Kendinizin ve aile bireylerinizin nasıl hissettiğini söyleyin.

He's really tired.

• Bir kafede sipariş verme alıştırması yapın. Arkadaşlarınız için de sipariş verin.

– Mönüyü isteyin.

– Siz, kahve ve peynirli sandviç alıyorsunuz.

– Arkadaşlarınız, şarap ve pizza/çay ve salata alacaklar.

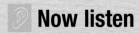 **Now listen**

Ordering in a restaurant
Bir restoranda sipariş vermek

- Reading a menu
- Asking what things are
- Ordering a meal

- Mönüyü okumak
- Mönüdekilerin ne(ler) olduğunu sormak
- Bir yemek siparişi vermek

Menu

Starters

Soup   tomato soup, clam chowder

Salad   green salad, Greek salad

Smoked salmon, mussels, chicken liver

Specials

Beef in Guinness with porcini mushrooms £10.95

Swordfish with herb crust, saffron rice £11.95

Strawberry pavlova £4.95

Main course

Meat   roast chicken, steak and chips, lasagne

Fish   tuna, red mullet

Vegetarian   red pepper tart, mushroom risotto

Choose from   potatoes, chips, salad, mixed vegetables

Dessert

Cakes   cheesecake, chocolate cake

Ice cream   vanilla ice cream, strawberry ice cream

Fruit   raspberries, fruit salad

Tip

Mönüye ek olarak, bir çok restoran, yalnızca o gün için hazırlanan yemeklerin kısa bir listesini de sunar. Bunlar **specials** (spesiyal) olarak adlandırılır ve girişte bir tabelada ya da mönüde ek bir sayfada gösterilir.

Restoranların çoğunun, sunduğu ve genellikle çok uygun fiyatı olan, **house wine** denilen bir şarabı vardır. Bu şaraptan bir şişe ya da bir kadeh ısmarlayın. Alternatif olarak, şarap listesinden de seçiminizi yapabilirsiniz.

Wine

House red

Isla Negra – Chilean Cabernet Sauvignon

£3.25 / glass
£12.95 / bottle

I booked a table for 8.30. The name's Millar.

Yes, a table for 2. This way, please.

Yes, I think so.

Are you ready to order?

What's in a Greek salad?

Lettuce, tomatoes, olives, feta cheese, olive oil . . .

That sounds good. I'll have that.

To start, I'll have the clam chowder, please.

And for the main course?

I'll have the swordfish, please.

I'll have roast chicken, with potatoes.

And to drink?

Would you like anything else? Dessert? Coffee?

We'll have a bottle of the house red, please. And a large bottle of mineral water.

Do you have decaffeinated?

Yes, we do.

Two coffees, please — one decaff.

And could we have the bill, please?

Tip

Fish and chips, steak and kidney pie, roast beef and Yorkshire pudding gibi birkaç tipik İngiliz yemeği bulunmasına karşın, İngiltere'de belirgin ve yaygın bir yöresel yemek geleneği yoktur. Böyle olmasının avantajı da vardır: dışarıda yemek yediğinizde, pek çok farklı ülkenin yemeklerini deneyebilirsiniz. Bu da, bir restorana gitmeyi ve mönüdeki her yemeği bilmeyi zorlaştırır. Bu nedenle, malzemeleri (soğan, elma, biber, v.b.) sözlükten öğrenin ve/veya sormak için hazırlanın.

What's . . . ?
What are . . . ?
What's in . . . ?

Yemek diyetinizde, özellikle yemeniz ya da yememeniz gereken şeyler varsa, açıklayabilmek için hazırlıklı olmanızda yarar var.

Does it contain . . . ?
I can't eat . . .

Have a go!

• Sayfa 48'de bulunan mönüye bakın. Kategorileri (çorba, et, v.b.) kullanarak, her birinin ne olduğunu tahmin edebilir misiniz? Yanıtlarınızı sözlükten kontrol edin.

• Dışarıda yemek yemek için bir liste yapın – denediğiniz tüm farklı yiyecekleri yazın ve hangi malzemeleri içerdiğini bulmaya çalışın. (Beğendiğiniz restoranların adres ve telefon numaralarını da ekleyin.)

In my free time
Boş zamanlarım

- Talking about my free time activities
- Saying when and how often I do

- Boş zaman etkinliklerim hakkında konuşmak
- Ne zaman ve ne sıklıkta yaptığımı söylemek

What do you do in your free time?

I go . . .

out with friends

for a bike ride

to the cinema

I go . . .

swimming

dancing

shopping

I play . . .

the piano

the drums

the guitar

I play . . .

squash

football

badminton

Now listen

I play squash once a week.

I go to the cinema every Wednesday.

I eat out whenever I can!

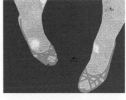

At the weekend I *see* my family. They come for dinner.

I go *swimming* twice a week.

In the evening I watch television or read a book.

On Sunday mornings I sleep late.

I have guitar lessons three times a week.

 I go to a class on Thursdays — I'm learning to cook.

👄 Grammar

When do you . . .?
Sen/Siz **ne zaman** . . .?

on Mondays

on Tuesday mornings

in the morning/ afternoon/evening

at the weekend

whenever I can

How often do you . . .?
Sen/Siz **ne sıklıkta** . . .?

once/twice/three times a week

every Saturday

✍ Have a go!

• Ailenizin gerçekleştirdiği etkinliklerin bir listesini oluşturun. Bu etkinlikleri, hangi sıklıkta yaparlar? Etkinlikler hakkında ne düşünürler? Listenize, olabildiği kadar ayrıntı ekleyin,

My brother plays football at school. He plays twice a week, but he doesn't really like it.

👂 **Now listen**

Talking about what I like
Hoşladıklarımdan söz etmek

- Saying what I like/don't like watching on television
- Talking about what's on

- Televizyonda ne izlemekten hoşlandığımı/ hoşlanmadığımı söylemek
- (Televizyonda) ne olduğundan söz etmek

dramas

music programmes

comedies

the news

the weather forecast

documentaries

soaps

films

> What do you like watching on television?

> I like . . .

> I don't mind . . .

game shows

cartoons

sports programmes

adverts

chat shows

> I don't like . . .

👄 Grammar

I like soaps ya da I like watching soaps tümcelerinden herhangi birini söyleyebilirsiniz.

Likes and dislikes

I love	severim
I really like	gerçekten severim
I like	severim/hoşlanırım
I don't mind	önemsemem
I don't like	sevmem
I don't like . . . at all	hiç . . . sevmem
I hate	nefret ederim

👁 Tip

Televizyon izlemek, İngilizcenizi ilerletmek için iyi bir yoldur. Bilinen türde – diziler, eğlence programları, reklamlar, hava durumu, v.b. – bir programla başlayın. Bu tür programlarda, ne tür deyimler kullanılacağını zaten önceden tahmin edeceğinizden, bilmediğiniz yeni sözcükleri öğrenme olanağı bulursunuz.

 **Now listen**

My favourite film is on tonight.

What kind of film is it?

It's a horror film. It's very scary!

Ugh — no, thanks! I don't really like films like that!

What do you like watching?

I like comedies. I sometimes watch dramas — if they're entertaining.

What do you want to watch tonight?

Football at 8.45 . . .

What's on?

Not football again! It's always on!

. . . or a police drama or a documentary about dolphins.

That sounds really boring!

It's on at 8.15.

When's the documentary on?

I prefer documentaries to police dramas.

So do I — but not documentaries about dolphins!

Do you fancy going out for a drink?

Good idea!

👄 Grammar

How often do you watch . . . ?

always	daima/her zaman
sometimes	bazen/arada sırada
never	asla/hiç

Opinions Fikirler	**interesting**	ilginç
	boring	sıkıcı
	exciting	heyecanlı
	moving	hareketli
It's/They're . . .	**funny**	eğlenceli
	sad	üzücü
	informative	bilgilendirici
	entertaining	eğlendirici

Düşüncelerinizi, çok kesin yargılarla belirtmek istemediğiniz zaman, **quite** (oldukça, epeyce) ve **really** (gerçekten) sözcükleri (kişilerin birbirlerini iyi tanıdıkları konuşmalarda) çok kullanışlı olabilir. Ayrıca **I prefer** . . . (. . . tercih ederim) ifadesi fikirlerinizi belirtmenin kibar bir yoludur.

> I don't **really** like . . .
> I find it **quite** boring . . .
> I prefer . . .

✋ Have a go!

- Bir gazete ya da dergideki televizyon programına bakın. Bu gece televizyonda ne olduğunu ve ne zaman olduğunu söyleyebilir misiniz? Bu programları seviyor musunuz?

- Beğendiğiniz üç program seçin. Bunları ne sıklıkta izlersiniz?

👂 Listening task

- What programmes do the man and the woman like? Adam ve kadın hangi programları seviyorlar?

- What's on and when? Televizyonda ne var ve ne zaman?

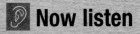 **Now listen**

What I like doing
Ne yapmaktan hoşlanırım

- Talking about the weather
- Saying what I like doing
- Saying what I will or won't do, depending on the weather

- Hava durumundan söz etmek
- Ne yapmaktan hoşlandığımı söylemek
- Hava durumuna göre, ne yapacağımı/ yapmayacağımı söylemek

When it's sunny, we like going for a walk in the country.

I go shopping in any weather!

When it's snowing, I like staying in and reading books and magazines.

When it's raining, I like watching DVDs.

 ## Grammar

Like: Fiilinden sonra, isim ya da fiilin isim biçiminin (gerund: fiil + ing) kullanıldığına dikkat edin.

- I like + noun
I like **films**.

- I like + verb + **ing**
I like listen**ing** to music.
Müzik dinle**meyi** severim.

I like go**ing** to concerts.
Konsere git**meyi** severim.

I like swim**ming**.
I like run**ning**.
I like danc**ing**.
I like hav**ing** friends round.

Aşağıdaki gerund yapılarına dikkat edin:(swim**ming**, run**ning**, danc**ing**, hav**ing**)

Now listen

What will we do tomorrow?

If it's cold on Friday, I won't play tennis.

If it's windy, we'll go for a walk.

If it's hot at the weekend, I'll go to the beach!

If it's warm tomorrow, we'll go swimming.

👄 Grammar

6. Ünitede, present continuous tense'in, gelecek zamanı belirtmek için de kullanıldığını görmüştünüz (sayfa 40). Gelecek zamanı, ayrıca, **will** yardımcı fiili kullanarak da oluşturabilirsiniz. Bu zaman, aşağıda belirtilen durumlarda kullanılır:

• Gerçekleşeceğinden kesinlikle emin olduğunuz bir konu hakkında konuşurken;

Don't worry – **we will** be there on time!
Üzülme – zamanında orada ola**cağız**.

• Yakın gelecekte yapmayı amaçladığınız bir eylem hakkında konuşurken;

If I have time this evening, **I'll** surf the internet.
Bu akşam zamanım olursa, internette gezin**eceğim**.

I **will** go	we **will** go
you **will** go	you **will** go
he/she/it **will** go	they **will** go

I'll go = I will go
we'll have = we **will** have

Will olumsuz yapıda, **won't** olarak kullanılır:

If it rains, I **won't** go out.
Yağmur yağarsa, dışarıya çıkmayacağım.

Bir tümcenin, **If** . . . (Eğer . . .) bölümündeki fiilinin, aslında gelecek zamanı nitelese de, geniş zaman'da kullanıldığına dikkat edin.

If **it's** hot at the weekend, I'll go to the beach!

✋ Have a go!

• Farklı havalarda ne yapmayı sevdiğinizi söyleyin.

• Hafta sonunda ne yapacaksınız? Aşağıdaki tümceleri tamamlayın.

– If it's cold (soğuk), . . .
– If it's windy (rüzgarlı), . . .
– If it's warm (ılık), . . .
– If it's hot (sıcak), . . .

👂 Now listen

Review 2
Tekrar

1 You're at the train station. Write the questions.

Tren istasyonundasınız. Soruları yazın.

1 train leave – when? _____ When does the next train to Oxford leave? _____

2 arrive? _____

3 how long? _____

4 change? _____

5 off-peak ticket – when? _____

6 London train? _____

7 platform – leave? _____

8 ticket valid? _____

2 Say what these people are doing next week.

Bu kişilerin gelecek hafta ne yapacaklarını söyleyin.

1 Tuesday fly Paris – Jake _____ Next Tuesday Jake is flying to Paris. _____

2 Friday go gym – Cristina _____

3 Monday study French – Tess _____

4 Sunday nothing – me _____

5 Saturday go out friends – you _____

3 Put the words in the right order. Sözcükleri doğru sıraya koyun.

1 to you drink something like would ? _____ Would you like something to drink? _____

2 yourselves biscuits please to help _____

3 sandwich coffee think have a I and I'll _____

4 a cake you of piece like would chocolate ? _____

5 please we'll a house red of the bottle have _____

6 Friday cinema the every I to go _____

7 three a week piano I the times play _____

8 weekend friends with my at the out I go _____

9 tonight want you to do watch what ? _____

10 hot we'll if tomorrow, football it's play _____

4 Order in a restaurant. Bir restoranda sipariş verin.

Verilen sözcükleri kullanarak, garsona yanıt verin.
Vereceğiniz yanıtları hazırlayın, sonra ses kaydını dinleyin
ve katılın. Eğer yardıma gereksinim duyarsanız, ünite 7'ye
gözatın.

- Are you ready to order?
- yes / to start, fish soup
- And for the main course?
- in flamiche?
- It's a tart made with leek and cheese.
- good / have that
- Would you like vegetables or a salad with that?
- vegetables / carrots
- And to drink?
- glass house white / bottle mineral water

 5 Say what you like doing.
Ne yapmaktan hoşlandığınızı söyleyin.

Verilen sözcükleri kullanarak, Anna'ya yanıt verin.
Yanıtlarınızı hazırlayın, sonra ses kaydını dinleyin
ve katılın. Yardıma gereksinim duyarsanız, ünite
8'e göz atın.

- What do you like doing at the weekend?

- Friday nights / cinema / friends

  On Friday nights I like going to the cinema
  with friends.
  _____

- Saturday / play squash

  _____
  _____

- Sunday / read paper / drink coffee

  _____
  _____

- What are you doing this weekend?

- go to Madrid

  _____
  _____

I don't feel well
Kendimi iyi hissetmiyorum

- Learning body vocabulary
- Saying I feel ill
- Saying what's wrong with me

- Bedene ilişkin sözcükleri öğrenmek
- Hasta olduğumu söylemek
- Sorunumun ne olduğunu söylemek

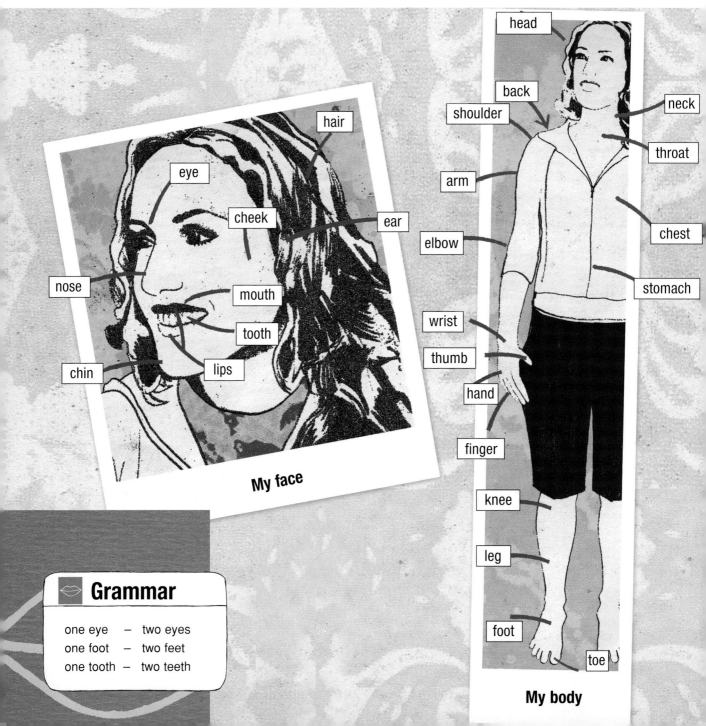

My face

My body

Grammar

one eye	–	two eyes
one foot	–	two feet
one tooth	–	two teeth

Have a go!

- Kitabınız kapalı biçimde, sayfa 58'de gösterilen, bedenin tüm bölümlerinİ, İngilizce olarak söylemeye çalışın.

- Hasta olduğunuzu varsayın. Neyiniz var? Nasıl hissediyorsunuz? Anlatmaya çalışın.

My head hurts and I feel dizzy.

- Sonra, diğer kişilerden nasıl söz edeceğinize ilişkin alıştırma yapın.

He feels dizzy.

Tip

Eğer kendinizi hasta hissediyorsanız, aşağıdaki yerlerden yardım alabilirsiniz:

- Eczane: bazı öneriler ve pek çok ilaç elde edebilirsiniz.
- Doktor muayenehanesi: Bazı ilaçların (antibiyotik, v.b.) doktor tarafından reçeteye yazılması gerekmektedir – önceden randevu almanız gerekir.
- Hastane: Acil bir durum varsa, doğruca bir hastaneye gidin. Acil servise (A&E Department = Accident and Emergency) başvurun ya da ambulans için 999'u arayın.

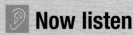 **Now listen**

At the chemist's
Eczanede

- Describing symptoms
- Asking for and understanding advice
- Buying medicines

- Belirtileri anlatmak
- Öneriler istemek ve önerileri anlamak
- İlaç satın almak

Could you recommend something for a cold, please?

Of course. What are your symptoms?

My head hurts and I feel very tired. My throat is sore too.

Do you have a temperature?

Yes, I think so.

How long have you been ill?

For four days.

It sounds like flu. I suggest you go home and go to bed. Take these pills three times a day. And don't forget to drink lots of water.

Do I need to see a doctor?

If you don't feel better in a couple of days, make an appointment.

👁 Tip

Eczanede, **eczacı** (**pharmacist**), neyiniz olduğuna ilişkin bir yorum getirebilir ve size hangi ilacı almanız gerektiğini söyleyebilir. Yine de, bir eczacı, yalnızca satmaya yetkili olduğu ilaçları (over the counter medicine) önerebilir. Daha güçlü ilaçlar için, öncelikle, bir doktora görünmeli ve bir reçete yazdırmalısınız. Eczacı, o zaman size, ilgili ilacı verebilir.

Eczaneler, Pazar günleri kapalıdır, ancak, her bölgede dönüşümlü olarak birkaç saatliğine açık olan nöbetçi eczaneler bulunur. Hafta sonları, hangi eczanelerin açık olduğu ile ilgili ayrıntılı bir listeyi, eczanelerin vitrininde bulabilirsiniz.

👄 Grammar

Eczacı, yapılması gerekenleri, 'emir yapısı' kullanarak söylüyor, çünkü bu yapı, resmi talimat (yönerge) verme şeklidir: **go**, **take**, **make** (gidin, alın, yapın)

Olumsuz emir yapısı ise, fiilin önüne **don't** sözcüğü eklenerek oluşturulur: **don't forget**, **don't go to work** (unutmayın, işe gitmeyin) Eczacının, önerilerde bulunmak için, emir yapısı dışında, aşağıdaki gibi ifadeler de kullandığına dikkat edin.
I suggest . . . (. . . öneririm.)
Make sure you . . . (. . . 'dan emin olun.)

Do you have something for a cold/flu/ a sore head/hayfever? (Soğuk algınlığı/ grip/baş ağrısı/saman nezlesi için bir şey var mı?)

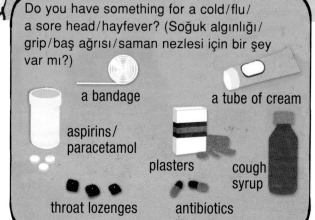

a bandage

a tube of cream

aspirins/ paracetamol

plasters

cough syrup

throat lozenges

antibiotics

Do you have something for insect bites?

No, it's for my husband. He was bitten on the hand and now it's quite swollen. It's also really itchy.

I'll take the syrup, please.

I will.

Is it for you?

We have this cream — it's very good if just a small part of his hand is irritated. If it's more widespread, I'd recommend this antihistamine syrup.

Tell your husband he mustn't drink with this medicine.

That's £5.25, please.

Have a go!

- What would you ask the chemist for?
  Aşağıdaki durumlarda, eczacıdan ne istersiniz?

  – You have a sore head.
    Baş ağrınız var.

  Could I have some aspirins, please?

  – You have a sore throat.
    Boğaz ağrınız var.

  – You have a cough.
    Öksürüğünüz var,

  – You have a small cut on your finger.
    Parmağınızda küçük bir kesik var.

Listening task

- What are the customer's symptoms?
  Müşterideki belirtiler nelerdir?
- What medicine does the chemist suggest?
  Eczacı hangi ilacı öneriyor?
- What else does he advise?
  Başka ne tavsiye ediyor?

Grammar

He mustn't drink with this medicine.
= He mustn't drink alcohol.

Bu ilaç ile, içki içmemeli(dir).
= Alkol almamalı(dır).

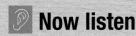 **Now listen**

At the doctor's
Doktorda

- Making an appointment
- Explaining symptoms in more detail
- Understanding instructions

- Randevu almak
- Belirtileri daha ayrıntılı açıklamak
- Talimatları anlamak

Hello. I'd like to make an appointment, please.

For today, if possible.

Yes, that would be fine.

Anna Millar.

Yes — when for?

Let's see . . . can you make 4.45 (four forty-five)?

And your name is . . . ?

Anna Millar. Thank you. That's 4.45 with Dr Harvey. Wait in the upstairs waiting room and he will call your name.

 ## Grammar

Bazı kullanışlı ifadeler:

Can I make an appointment for . . . ?
my son/daughter/husband/wife
Oğlum/Kızım/Kocam/Karım
. . . için bir randevu alabilir miyim?

Do you have an appointment today?
Bugün randevunuz var mı?

Do you have anything on Friday?
Cuma günü bir şeyiniz (bir işiniz) var mı?

 **Tip**

İngiltere'de, **NHS Direct** aracılığı ile de, sağlık konusunda danışmanlık hizmeti alabilirsiniz: Bu servis, ne yapmanız gerektiği ve bir doktora görünmenizin gerekip gerekmediği hakkında sizi yönlendirebilecek bir telefon hizmetidir. Bu telefon servisinde, bir doktor ve bir hemşire, günün 24 saati, danışmanlık hizmeti vermektedir.

 **Now listen**

Hello — please sit down. . . . Now, what can I do for you?

How long have you had it?

I have a very sore throat.

Since Monday. My throat is so sore I can't eat. My neck is also very stiff and I feel tired all the time.

Let's just take a look . . . Ah, yes . . . you have an infection.

I'll give you a prescription for some antibiotics.

How often do I need to take the pills?

Take two pills three times a day, after meals. You need to take them for a week. You should try to rest as much as you can. And don't forget to drink plenty of water. If you don't feel better by the end of the week, come back and see me again.

Grammar

Öğüt veya talimat vermek için **you should** ya da **you need to** yapısını kullanabilirsiniz:

You **should** try to rest.
Dinlenmeye çalış**malısınız**.

You **need to** take the pills for a week.
Hapları, bir hafta boyunca al**manız gerekir**.

Vereceğiniz bir talimatı, daha kibar bir hale getirmek için, emir tümceleri ile, **please** sözcüğünü kullanabilirsiniz:

Please, sit down!   **Lütfen**, otur(un)!

Zaman ifadeleri:

since Monday	Pazartesi**den beri**
three **times** a day	günde üç **kez**
after meals	yemekler**den sonra**
for a week	bir hafta **boyunca**
by the end of the week	haftanın **sonuna kadar**

Have a go!

• Bir doktordan, kızınız için randevu alın – randevuyu olabildiğince yakın bir zamana almak durumundasınız.

• Aşağıdaki hastalık belirtileriniz var. Doktorunuza ne anlatırsınız?

started Monday / sore head / nose / dizzy

started weekend / ears hurt / temperature / been sick

Listening task

Üç farklı kişiye, ne yapmaları gerektiğini bildiren bir doktoru dinlemektesiniz. Dinleyin ve doktorun tavsiyelerini not edin.

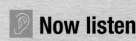 Now listen

Finding out about a job
Bir iş hakkında bilgi edinmek

- Understanding a job advertisement
- Phoning to find out more
- Outlining my experience

- Bir iş ilanını anlamak
- Daha çok ayrıntı için telefon etmek
- Deneyimlerimi özetlemek

SITUATIONS VACANT

PART-TIME
RECEPTIONIST REQUIRED

Must be experienced in
Word and Excel.

SUMMER SEASON WORKERS

Leisure centre requires
summer season workers
in the following areas:

- swimming pool
- children's holiday clubs
- gym (adults)

You need to be:
friendly, efficient
and willing to work
as part of a team.

Good rates of pay.

Working hours negotiable.

RESTAURANT NEEDS

WAITERS/ WAITRESSES

for weekend work

Experience essential

Can you speak
French, Spanish,
Italian or German?

Do you enjoy
working with people?

Do you love to travel?

We're looking for tour guides
to travel with groups of American
high-school students.

👁 Tip

İngiltere'de, *Guardian*
gibi gazeteler, iş ilanları
açısından önemli bir
kaynak oluştururlar. Her
gün, pek çok iş koluna
yoğunlaşır ve Cumartesi
günleri, hafta içinde
yayınladıkları tüm iş ilan-
larının bir özetini verirler.

Bir çok şirketin, iş olanak-
larını düzenli olarak
yayımladıkları, web siteleri
de vardır. Bir bilgisayarınız
yoksa, internet kafelerde
ya da halk kütüphanelerin-
de internete girebilirsiniz.

Grammar

Geçmişte var olan alışkanlıkları ya da geçmişte
belirli bir süre devam etmiş eylemleri/durumları
belirtmek için, **used to** yardımcı fiili kullanılır.
Bu yapı, tüm özneler için aynıdır:

You used to teach Spanish.
(Eskiden) İspanyolca öğret**irdiniz**.

He used to work as a doctor.
(Eskiden) Doktor olarak çalış**ırdı**.

They used to live in York.
(Eskiden) Onlar York'da yaş**arlardı**.

I'm looking for a
job for the summer.
What do you think
of this one?

It sounds great.
You get the chance
to travel and to
use your languages.

Hello, my name's Jake Ravens. I'm calling about your advert for tour guides in Monday's *Guardian*. Can you tell me a bit more about the job?

Yes, certainly. We're looking for guides who can travel with groups of American tourists in Europe. Our guides need to look after them: tell them about the sites, arrange meals and outings, sort out any problems.

That sounds very interesting.

Do you have experience in this area?

Well, not as a tour guide, but I can speak French and a bit of Spanish. I used to work as a teacher, so I have experience organising groups of people. And I really enjoy travelling.

That sounds very useful. If you're interested in applying, I can give you my e-mail address and you could send us your CV?

Yes, please.

It's p.thomas@...

  Tip

Bir iş başvurusunda bulunduğunuz zaman, kendinizi çok olumlu bir şekilde tanıtmanız önemlidir. Ancak yine de, İngiltere'de, insanların, kendi bilgi ve becerilerinden söz ederken, alçak gönüllü ifadeler kullanmaya eğilimli olduklarını bilmenizde yarar var.

I'm **quite good** at golf.	Golfte **oldukça iyi**yim.
I'm **not too bad** at French.	Fransızca'da **pek kötü değilim**.
I can sing, but **not very well**.	Şarkı söyleyebilirim, ancak **çok iyi değil**.

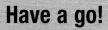 **Have a go!**

• 64. sayfadaki iş ilanlarından birini seçin. Bu ilan için telefon açtığınızı ve ayrıntılı bilgi istediğinizi varsayın. Hangi soruları sorarsınız?

• Kendiniz ve aileniz hakkında, **used to** kullanarak 10 tümce yazın.

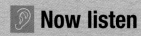 **Now listen**

Applying for a job
Bir işe başvurmak

- Writing a job application letter
- Asking/answering questions about the past
- Reporting what I did/thought

- Bir iş başvurusu mektubu hazırlamak
- Geçmiş ile ilgili soru sormak/soruları yanıtlamak
- Ne yaptığımı/düşündüğümü aktarmak

 **Grammar**

Past simple Di'li geçmiş zaman

Geçmiş zaman (past simple), geçmişte tamamlanmış eylemlerden söz etmek için kullanılır:

I went to Morocco. Fas'a git**tim**.
I worked in Spain. İspanya'da çalış**tım**.

Düzenli fiillerin geçmiş zamanlarını oluşturmak için, fiile -**ed** eklenir (Fiil zaten -**e** ile bitiyorsa, yalnızca -**d** eklenir):
worked, **changed**, v.b.

Tüm özneler için aynı yapı kullanılır.
I worked, **he worked**, **we worked**, v.b.

Ancak pek çok fiilin geçmiş zaman çekimleri, düzensizdir. Bunları ancak ezberleyerek öğrenmeniz gerekir. Çok sık kullanılan düzensiz fiillerden bazıları, aşağıdadır:

buy	**bought**
do	**did**
give	**gave**
go	**went**
have	**had**
say	**said**
see	**saw**
take	**took**
be	**was/were***

***to be** fiiline dikkat edin: bu fiil, geçmiş zaman çekimi iki farklı biçimde olan tek fiildir – I **was**, you **were**, he/she/it **was**; we **were**, you **were**, they **were**.

Dear Polly Thomas,

I would like to apply for the post of tour guide, as advertised in the *Guardian* on 8 June. Please find attached a copy of my CV.

I currently work as a photographer, which means I travel a lot. In 2003, I went to Morocco for two months, where I worked as an instructor on a photography course. Last year, I spent three months in Europe. I was in charge of a photo-shoot for a fashion magazine and had twenty people working for me. We travelled all round Italy and Spain.

Before that, I taught French for two years. I used to work with children aged 14–18.

I speak fluent French. I also speak Spanish well enough to cope when I visit Spain.

I am free from the beginning of June. I am looking for a job that will allow me to travel and to use my languages. I hope that my CV is of interest to you and look forward to hearing from you.

Yours sincerely,

Jake Ravens

Jake Ravens

👁 **Tip**

İçeriği daha resmi olan (Jake'in iş başvurusu gibi) bir yazıda, fiillerin ve yardımcı fiillerin kısaltılmamış, tam biçimlerini kullanmak daha doğrudur:

I'd like yerine: **I would like**;
I'm free yerine: **I am free**, v.b.

 **Now listen**

Did you send off your application last week?

Yes, I did. The deadline was Friday so I finished it on Thursday night and e-mailed it first thing next morning.

What did you say in your letter?

I said that I was keen on travelling and that I have experience in working with groups of people. I also included details of the languages I speak and said I used to teach.

Did you mention that you wanted to go to Spain in particular?

No, I didn't.

When will you hear if you have an interview?

By next Tuesday, I think.

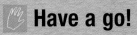 Have a go!

- Bu ünitede öğrendiklerinizden yararlanarak, aşağıdaki fiillerin geçmiş zaman biçimlerini yazın: **work, be, go, teach, see, want, tell, have, say.**

- 64. sayfadaki ilanlardan birini seçin ve Jake'inki gibi bir iş başvurusu mektubu yazın.

Grammar

Past simple—question forms
Di'li geçmiş zaman—soru biçimleri

Did you send . . . ?
. . . gönder**d**in(iz) **mi**?

Yes, I **did.**
No, I **didn't.**

What **did** you say?
Ne de**d**in(iz)?

I **said** (that) . . .
Dedim ki, . . .

to be fiili farklıdır:

Were you there?
Orada **mıydın**(ız)?

Was she at the party?
Partide **miydi**?

Past simple, bir başkasının söylediğinin üçüncü kişilere aktarılması için de kullanılır.

I **said** that I was keen on travelling.
Ben seyahat etmeye çok hevesli olduğumu söyledim.

He **thought** that I needed to improve my Spanish.
O, benim, İspanyolcamı geliştirmem gerektiğini düşünüyordu.

that bazen söylenmeyebilir:

I **said** I was keen on travelling.
Ben yolculuk etmeye çok hevesli olduğumu söyledim.

 **Now listen**

An interview
Görüşme / Mülakat

- Preparing for an interview
- Taking part in an interview

- Bir görüşme için hazırlanmak
- Bir görüşmede yer almak

 Tip

Eğer İngilizce bir görüşmeye hazırlanıyorsanız, buradaki başlıkları kullanarak bazı notlar hazırlayabilirsiniz. Burada listelenmiş ifadeler, başlangıç için size yardımcı olacaktır – gerekirse, bazı bilmediğiniz sözcükler için herhangi bir sözlükten yararlanabilirsiniz.

Ayrıca, size sorulduğunda kolaylıkla yanıtlayabilmeniz için, hobileriniz, ilgi alanlarınız (bakınız, ünite 8) ve geleceğe ilişkin planlarınız (bakınız, ünite 12) hakkında önceden düşünmek çok yararlıdır. Gerçekten ilgilendiğinizi göstermek için, iş ve/veya şirket hakkında birkaç soru hazırlamanız da iyi bir fikir olabilir.

Qualifications

I have a degree in . . .

English
French
marketing
engineering
maths
law
history
psychology
sociology

Reasons for wanting the job

I enjoy working with . . .
the public
children
animals

I would like the opportunity to . . .
work abroad/travel
develop my management skills

Work experience

I worked in a call centre for two years.
I taught English in Bulgaria for six months.
I managed the shop when my boss was away.

Skills

I am fluent in French.
My Spanish is good — I can cope in everyday situations.

I work well . . .
with young people
as part of a team

I'm good . . .
at meeting deadlines
at managing budgets
with customers

I have a clean driving licence.

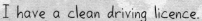

Now listen

Why do you want to work as a tour guide?

Well, I love travelling and I would like the opportunity to use my French and Spanish. And most of all, I enjoy working with young people and I'm good at it.

How good are your languages?

I'm fluent in French. I studied it at university and lived in Paris for a year as part of my course. I'm not quite as strong in Spanish, but I did a language course last year. When I went to Spain on holiday, I didn't have any problems.

You used to teach too, didn't you?

Yes, I taught for two years before I became a photographer. I enjoyed teaching, but it didn't give me much opportunity to travel. I decided it was time to change and then I was able to visit lots of different places.

You certainly have the kind of experience we're looking for. Thank you for coming in. We'll be in touch.

Grammar

Past simple – negative
Di'li geçmiş zaman – olumsuz yapı

I **didn't have** any problems.
He **doesn't** want to go yet.

to be fiili farklıdır:
I **wasn't** there last night.
They **weren't** at home.

Soru takıları (didn't you?, wasn't she? v.b.): Değil mi anlamında kullanılan soru takıları ile Di'li geçmiş zaman' kullanırken de, çok sık karşılaşabilirsiniz:

You **phoned** him this morning, **didn't you?**

She was at home, **wasn't she?**

Bu soru takıları **used to** ile birlikte de kullanılır:

You used to teach, **didn't you?**

They used to live in Italy, **didn't they?**

Have a go!

- Burada verilmeyen sözcüklere bir sözlükten bakın ve İngilizce bir görüşme için bazı notlar hazırlayın.

Listening task

- What job is Neela applying for?
  Neela hangi iş için başvuruyor?
- Why does she want it?
  Neden bu işi istiyor?
- What experience does she have?
  Ne tür deneyimi var?
- What three skills does she mention?
  Hangi üç becerisinden söz ediyor?

 Now listen

Returning something
Bir şeyi iade etmek

- Explaining a problem
- Asking for an exchange/a refund

- Bir sorunu aktarmak
- Değiştirme/Para iadesi istemek

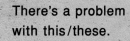

There's a problem with this/these.

There's a mark/hole.
A button/piece is missing.

I'd like to return this/these.
Here's the receipt.

It's faulty./It isn't working./It's broken.

I bought it here/in your Oxford Street store . . .
last week/last month/a few weeks ago.

It's too small/big.

Could I . . .
exchange it?
have a refund?
have a credit note?

 Tip

I'm afraid (Korkarım/Üzgünüm ancak) kalıbı, konuşan kişi, olumsuz ya da hoş olmayan bir konuyu iletecek ise, çok sık kullanılır. Tümcenin başında ya da sonunda yer alabilir.

I'm afraid I can't come to your party.
Korkarım (üzgünüm), ancak, partinize gelemem.

You would have to pay, **I'm afraid**.
Ödeme yapmak zorunda kalırsınız, korkarım.

I got it as a present.
I don't have the receipt.

 Grammar

could

Polite requests/Kibar istekler:
Could you help me?
Bana yardım edebilir misiniz?
Could I exchange it?
Bunu değiştirebilir miyim?

Options/Seçenekler:
We **could** mend it for you or you **could** take it to the jeweller's.
Onu sizin için onarabiliriz ya da bir kuyumcuya götürebilirsiniz.

Now listen

Excuse me. There's a problem with this necklace. I bought it here in January and the catch is broken. Could I exchange it?

Let's see . . . ah, yes. We can't exchange it, I'm afraid — you bought it too long ago. But we could mend it for you.

How long would that take?

Three to four weeks.

I'd really like it back sooner than that.

There's a jeweller's around the corner that does repairs. You could take it there. They might be able to do it more quickly.

And you'll pay for that?

We would do the repair free of charge, but if you got it mended somewhere else, I'm afraid you would have to pay.

👄 Grammar

would (veya kısa şekliyle **'d**)
Offers/Öneriler:
Would you like a replacement?
Değiştirmeyi isti**yor musunuz**?

Polite requests/Kibar istekler:
I'd really like it back sooner than that.
Onu, gerçekten, daha kısa bir sürede geri istiyorum.

I **would** like some tea.
Çay rica edi**yorum**.

would, ayrıca, varsayılan durumları belirtmek için – genellikle, **if** ile oluşturulmuş bir tümce içinde ya da böyle bir tümce içinde yer alıyormuş gibi anlam vererek – de kullanılır.

We **would** do the repair free of charge (if you wanted us to). (Eğer yapmamızı isterseniz), onarımı ücretsiz yap**arız**.

(If you got it mended somewhere else) you **would** have to pay. (Eğer onu, başka yerde tamir ettirirseniz), ödeme yapmak zorunda kal**ırsınız**.

✋ Have a go!

• Hoşnut kalmadığınız üç şeyi geri vermek istiyorsunuz. Üç adet diyalog oluşturmak için, aşağıda verilen sözcükleri kullanın.

watch/bought last week; strap broken/refund?

shirt/bought yesterday; button missing/exchange?

T-shirt/present; no receipt; credit note?

👂 Listening task

• What is the man returning? Adam neyi geri veriyor?

• What's the problem with it? Onunla ilgili sorun nedir?

• What does he want? Ne istiyor?

Reporting a loss
Kayıp bildirmek

- Explaining that something is missing
- Giving details

- Bir şeyin kaybolduğunu anlatmak
- Ayrıntıları vermek

handbag

rucksack

wallet

suitcase

I've lost my . . .

purse

👁 Tip

Eğer, bir istasyonda, havaalanında ya da benzer bir ulaşım bölgesinde bir şey kaybederseniz, oradaki **Lost Property Office** (Kayıp Eşya Bürosuna) başvurun. Eğer yolda giderken bir şey kaybederseniz ya da eşyanızı nerede kaybettiğinizi bilmiyorsanız, en yakın polis karakoluna bildirebilirsiniz.

Kaybettiğiniz bir şeyin tanımını yapmak, onun en son ne zaman yanınızda olduğunu, nerede kaybetmiş olabileceğinizi bildirmek için hazırlıklı olun. Böyle durumlarda aşağıdaki ifade, sizin için çok yararlı olabilir.

My . . . has been stolen.
Benim . . . m çalındı.

It's got my . . . in it.

traveller's cheques

mobile

plane ticket

identity card

credit card

passport

purse

keys

money

 **Now listen**

Can you describe the bag?

I'm afraid no one has handed in a bag like that today. If I could take some more details . . . When did you last have it?

And what is in the bag?

If you could give me your name and telephone number, we'll contact you if it turns up.

It's a red leather rucksack — quite small.

I had it when I got on the train — I was on the 9.40 from Canterbury. I bought a newspaper . . . I might have left it by the newspaper kiosk. I definitely didn't have it when I went to pay in the café.

It's got my purse and my keys in it . . . oh, and my mobile.

Have a go!

- Çantanızı kaybettiğinizi ve Kayıp Eşya Bürosu'na gitmeniz gerektiğini varsayın. Imagine you have lost your bag and you need to go to the Lost Property Office.
- Çantanızı tanımlayın.
- Onun en son ne zaman yanınızda olduğunu söyleyin:

  I last had it . . .

- Çantanızın içinde ne olduğunu söyleyin.
- Sizinle bağlantı kurulması için gerekli bilgileri (isim, adres, telefon numarası) verin.

Grammar

Bu ünite, geçmiş zaman hakkında konuşurken kullanılan yeni bir zamanı içermektedir (the present perfect tense). Şimdiye kadar kitabınızda, bazı present perfect tense örnekleri ile karşılaştınız. Bu zaman, ayrıntılı olarak ele alınmayacaktır: Bu aşamada en iyisi, karşılaştıkça, bazı anahtar deyimleri ezberleyerek öğrenmek olacaktır.

Now listen

Sorting out other problems
Diğer sorunlarla başa çıkmak

- Changing travel arrangements
- Trying to finding out what has happened

- Bir bileti değiştirmek
- Ne olduğunu öğrenmeye çalışmak

Now listen

Have a go!

- Uyudunuz ve treninizi kaçırdınız. Aşağıdaki ayrıntıları kullanarak, biletinizi değiştirmeye çalışın.

missed 9.15 — next 11.30

- Havaalanındasınız. Bavullarınızdan biri geldi, diğeri ise gelmedi. Aşağıdaki ayrıntıları kullanarak ne olduğunu bulmaya çalışın.

18.10 from Seville; changed in Madrid

blue leather suitcase

you're travelling around, but will be in Cambridge for 3 days

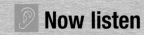 **Now listen**

Sharing plans
Planları paylaşmak

- Talking about what I usually do
- Talking about future plans
- Asking other people about their plans

- Genellikle ne yaptığım hakkında konuşmak
- Geleceğe ilişkin planlardan söz etmek
- Diğer kişilere planları hakkında soru sormak

👄 Grammar

in (the)
spring / summer / autumn / winter
ilkbahar**da** / yazın / sonbahar**da** / kışın

last spring   **geçen** ilkbahar…
this spring   **bu** ilkbahar
next spring   **gelecek** ilkbahar

during the spring
İlkbahar **sırasında**

 **Now listen**

Are you going away this summer, Anna?

I'm working in Berlin for two weeks — I'm hoping to go on holiday after that.

Where are you going?

I'm thinking of going to Italy — maybe Sicily. What about you?

I might go to Hungary.

Who with?

Tom. If Paul can get the time off work, he says he might come too.

He works too hard, doesn't he? When would you go?

Probably in September.

And where would you stay?

I might not stay at the same hotel as last time — it was really expensive. Do you know anywhere good?

Yes — I stayed in a hotel in Budapest that was fantastic. I've got the name on my computer . . . Why don't you try it?

Thanks. How much was it? I don't want anything too expensive . . .

👄 Grammar

Ne yapacağınızdan tam olarak emin olmadığınız zamanlarda kullanabileceğiniz deyimler:

I'm hoping to go…
…(y)e gitmeyi umuyorum.

I'm thinking of going…
…(y)e gitmeyi düşünüyorum.

I might go…
…(y)e gidebilirim.

Ne yapılacağı tam olarak belirli olmayan böyle durumlardaki soruları da, aşağıdaki gibi oluşturabilirsiniz (Bu soruları, planın daha kesin olduğu durumlarda kullanabileceğiniz When are you going? ve Where are you staying? yapıları ile karşılaştırın):

When **would** you go?
Ne zaman gidersiniz?

Where **would** you stay?
Nerede kalırsınız?

✋ Have a go!

• Aşağıda verilen soru sözcüklerinin her biri ile bir soru oluşturun:
what, who, when, where, why, how.

• Yaz için planlarınız nedir? Kesin olanları (**I'm going to…, I will…**) ve daha az emin olduklarınızı (**I'm hoping to…**) açık biçimde belirterek, bu planları yazın.

• Aynı alıştırmayı, ailenizin ve arkadaşlarınızın planları için de uygulayın.

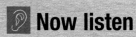

👂 Now listen

Future intentions
Geleceğe ilişkin tasarılar

- Thinking further ahead
- Talking about my plans in more detail

- Gelecek hakkında düşünmek
- Planlarımdan daha ayrıntılı söz etmek

👄 Grammar

Present continuous tense şimdiki sürekli zaman ya da **future tense** gelecek zaman, gelecekte ne yapılacağını anlatmak için kullanılır, ancak tümcenin zamana ilişkin bölümünde, **present simple tense** (geniş zaman) kullanıldığına dikkat edin. (Aşağıdaki örnek tümceleri, 55. sayfadaki **if** içeren tümcelerle karşılaştırın.)

When I **leave** school, I'm going to work abroad.
Okulu bitirdiğim zaman, yurt dışına çalışmaya gideceğim.

I'll be Prime Minister before I**'m** forty.
Kırkımdan önce başbakan olacağım.

Bir şeyin kesinlikle gerçekleşeceğini düşündüğünüz durumları, **future tense** ile anlatabileceğinize dikkat edin:

... I**'ll be** Prime Minister.

Have a go!

- Kendiniz için, geleceğiniz hakkında beş plan yapın. 78. ve 79. sayfalarda verilen bazı tümce girişlerini kullanarak, her plan tümcesi için ayrı bir başlangıç yapın. Bir sözlükten yararlanın ve değişik fikirler üretmeye çalışın.

Listening task

- Konuşan beş kişiyi dinleyin. Ne yapmayı ve ne zaman yapmayı istiyorlar?

Tip

Şu ana kadar, İngilizce öğrenmede belirli bir yol aldınız. Artık bazı şeyleri nasıl söyleyeceğinize ilişkin daha ayrıntılı düşünmeye başlayabilirsiniz. Daha uzun tümceler kullanmak, anlatmak istediğiniz şeyi daha ilginç hale getirebilir ve ayrıca düşüncelerinizi daha iyi yapılandırmanıza yardımcı olur.

and, but, because, although gibi sözcükleri kullanarak tümceler oluşturun. Eylemlerin gerçekleşme sıralarına dikkat ederek **when, before, first, then, later** gibi zaman belirten sözcüklere de yer verin.

Now listen

Reading for detail
Ayrıntıları okumak

- Understanding a more difficult text
- Using what I know

- Daha zor bir metni anlamak

- Bildiklerimi kullanmak

Win a holiday to California!

How does a week driving around beautiful Californian wine country sound? Too good to be true? Perhaps not – read on and find out more . . .

Mendocino County, California, famous for producing the finest organic wines, is the perfect place to have a holiday – and we're going to give you the chance to experience it. Why not take part in our competition to win a week's holiday for two there? The lucky couple will fly to San Francisco, where they will spend the night in a luxury hotel. Next day they will pick up a hire car and drive to the

Cobard Estate, one of the most beautiful vineyards in Mendocino County, where they will spend four days in one of the lovely 19th-century guest houses on site. They will be given a guided tour of the vineyard, famous for its organic red, white and rosé wines, and be shown in detail how its prize-winning white wine Cobard Viognier is made.

🗫 Grammar

Ünite 4, sayfa 28'de gördüğünüz gibi, **kıyaslama** (the **comparative**), iki şeyi kıyaslamak için kullanılır. İkiden fazla şeyi kıyaslamak isterseniz, **en üstünlük durumu** (the **superlative**) kullanmanız gerekir.

pretty   prettier
the prettiest
beautiful   more beautiful
the most beautiful
the prettiest town **in** the state

En üstünlük durumu, kıyaslamaya benzer bir biçimde oluşturulur: iki ve daha az heceli sıfatlar için, sözcüğün sonuna -est eklenir; ikiden fazla heceli olanlar için ise **the most + sıfat** kullanmanız gerekir. **-y** ile biten sıfatlarda, sona -est eklenmeden önce, **y** harfinin -i'ye dönüştüğüne dikkat edin.

Bazı sıfatlar bu kurala uymazlar:
good   better   **the best**
bad   worse   **the worst**

The estate also includes a ten-acre garden. The fruit, vegetables and herbs grown here – all organic – supply the vineyard restaurant, rated one of the best restaurants in the country. Our winners will get the chance to enjoy the restaurant's famous food and ambience during their stay.

After four days at the vineyard, our winners will round off their trip with a couple of days sightseeing in the area. Not only is Mendocino one of the prettiest seaside towns in the state, it is also situated within an easy drive of five state parks, with their beautiful plants and wildlife.

Our winners will spend two nights in Norton House, a tranquil hotel on the edge of one of the parks, before a final night in San Francisco. What could be better?

It couldn't be easier to take part. To win, all you need to do is answer this question:

Which colour is Cobard Estate's most famous wine?

Let's have a go. You never know — we might win . . .

 Have a go!

• Yazıyı tekrar okuyun ve soruları yanıtlayın.

1 Ödül nedir?

2 Ödül kaç kişi içindir?

3 Kazananlar uçakla nereye gidecek?

4 Mendocino'ya nasıl gidecekler?

5 Arazide ne tür şarap üretilmektedir?

6 Buradaki restoran neden ünlüdür?

7 Kazananlar, son birkaç gün ne yapacaklar?

8 Yarışma sorusunun yanıtı nedir?

 **Now listen**

Review 3
Tekrar

1 Complete the questions with *why, when, where, who, how* or *what*.
Soruları, *neden, ne zaman, nerede, kim, nasıl* veya *ne* ile tamamlayın.

1 _____ would you like to do when you finish your degree?

2 _____ are you going on holiday with?

3 _____ did you decide to get a new job?

4 _____ will you stay?

5 _____ much does it cost?

6 _____ do you want to take a year out?

2 Put the words in the right order. Sözcükleri doğru sıraya koyun.

1 very throat tired hurts and I my feel _____

2 said on keen I that I travelling was _____

3 I'd make my appointment please to like for an wife _____

4 you to home go go and suggest I bed _____

5 became for years I before two photographer I a taught _____

6 insect have for you something do bites _____

7 with teacher children to working a experience work used have I as so I _____

3 Complete the sentences with the correct form of the verb in the past simple tense.
Tümceleri, fiilin di'li geçmiş zamandaki doğru şekli ile tamamlayın.

1 I [not/buy] any shoes.

   I didn't buy any shoes.

2 I (work) for two years in London.

   _____

3 He (go) out with friends on Friday night.

   _____

4 Last year she [has] ten people working for her.

   _____

5 We [say] that we didn't know where the bar was.

   _____

6 They [decide] to go to the cinema.

   _____

7 You [not/give] it to me.

   _____

8 I [see] Bill yesterday.

   _____

9 I [not/be] very happy to see him.

   _____

10 [be] he on holiday last week?

   _____

4 Take part in an interview. Bir görüşmede bulunun.

Verilen sözcükleri kullanarak, görüşmeciyi yanıtlayın. Yanıtlarınızı hazırlayın, sonra ses kaydını dinleyerek, katılın. Yardıma gereksiniminiz olduğunda, Ünite 10'a bakın.

• Why do you want to work with us here at the leisure centre?

— love sports — good with the public / children — opportunity to learn other sports

• Do you have any experience?

— work — year — leisure centre Spain; taught swimming — two years

5 Report a loss. Bir kayıp (eşya) bildirin.

Verilen sözcükleri kullanarak yanıt verin. Yanıtlarınızı hazırlayın, sonra ses kaydını dinleyerek katılın. Yardıma gereksiniminiz duyarsanız, Ünite 11'e bakın.

• How can I help you?

— lost bag — green, small

• When did you last have it?

— this morning — left by toilets?

• What is in the bag?

— mobile, credit card, keys

6 Ask Anna about her plans. Anna'ya planları hakkında soru sorun.

Anna'ya, verilen sözcükleri kullanarak, bu yaz ne yapacağını sorun. Yanıtlarınızı hazırlayın, sonra ses kaydını dinleyerek katılın. Yardıma gereksiniminiz olduğunda Ünite 12'ye bakın.

— go away — autumn?

• I'm going to York.

— who with?

• With Jake.

— when?

• We're going at the end of October.

— where — stay?

• We're staying at a lovely hotel right in the centre.

Grammar
Dilbilgisi

Nouns İsimler

İngilizce'de, isimlerin herhangi bir cins ayrımı (eril, dişil, nötr olma durumu) yoktur: isimleri niteleyen tanımlama sözcükleri (**the** ya da **a** gibi) ve sıfatlar, o isme bağlı olarak biçim değiştirmezler.

Yalnızca, **a**, ünlü harf ile başlayan sözcüklerin ya da ünlü gibi ses veren bir ünsüz harf ile başlayan sözcüklerin önüne gelince, **an** olarak kullanılır: **a** book, **an** apple, **an** hour.

Plurals Çoğullar

İsimleri çoğul yapmak için, çoğunlukla, sözcük sonlarında **–s** eki kullanılır. Çoğul biçimleri kuraldışı olan sözcüklerin bazıları şunlardır:

man	men
woman	women
child	children
foot	feet
tooth	teeth

Possession İyelik durumu

Anna**'s** holiday; the girl**s'** friends

Countable/Uncountable nouns

Sayılabilen/Sayılamayan isimler

İsimler, *sayılabilen isimler* (apple, child, v.b.) ve *sayılamayan isimler* (water, cheese, v.b.) olarak ikiye ayrılırlar. *Sayılamayan isimler*, hiçbir zaman, sayılar ile, **a/an** ile ya da çoğul ekleri ile kullanılmaz. Kıyaslayın:

How **much** cheese would you like?
How **many** apples would you like?

some, any, a lot of hem sayılabilen hem de sayılamayan isimler ile kullanılır:

I'd like **some** cheese/apples.
Do you have **any** cheese/apples?
She buys **a lot of** cheese/apples.

Pronouns Zamirler

Neyin ve kimin anlatıldığı belirli ise, ismin yerine zamir de kullanılabilir.

Subject pronouns Kişi zamirleri

I; you (tekil); he, she, it; we; you (çoğul); they
We saw Tom on Tuesday.

Object pronouns Nesne zamirleri

me; you (tekil), him, her, it; us; you (çoğul); them
Kate saw **them** last week.

Possessive pronouns İyelik zamirleri

mine; yours (tekil); his, hers, its; ours; yours (çoğul); theirs
Here's my phone number. Can I have **yours?** (= your phone number)

Demonstrative pronouns İşaret zamirleri

this (one), that (one); these (ones), those (ones)
I like **this**, but I prefer **that one** over there.

Adjectives Sıfatlar

Sıfatlar, isimler hakkında daha ayrıntılı bilgi verirler. Sıfatlar, tekil ya da çoğul öğeler için, biçim değiştirmezler. İsimlerden önce ya da **to be** yardımcı fiilinden sonra yer alırlar.

a **red** coat – it's **red**
blue jeans – they're **blue**

İki nesneyi kıyaslarken, sıfatların *kıyaslama (comparative)* biçimleri ve **than** sözcüğü kullanılır.

A cuddly toy is **cuter than** a bag.
A watch is **more useful than** a necklace.

Kıyaslama biçimini oluşturma:
Tek ya da iki heceden oluşan kısa sıfatlar **–er** ekini alır (sonu **–y** ile biten sıfatlarda, **–y**, **i**'ye dönüşür)

cheap – cheap**er** ; pretty – pret**tier**

İkiden daha fazla heceden oluşan uzun sıfatların önüne ise, **more** sözcüğü gelir.

expensive – **more** expensive

good, **bad**, v.b., bazı sıfatların kıyaslama biçimleri kuraldışıdır.

good – better; bad – worse

İkiden daha çok nesneyi kıyaslarken *en-üstünlük (superlative)* biçimi kullanılır.

the **prettiest** town in the state

En-üstünlük biçimini oluşturma:

cheap – cheap**er** – cheap**est**
pretty – prett**ier** – the prett**iest**
expensive – **more** expensive – **the most** expensive

good, **bad**, v.b., bazı sıfatların en-üstünlük biçimleri kuraldışıdır.

good – better – the best
bad – worse – the worst

Possessive adjectives İyelik sıfatları

my; your (tekil); his/her/its; our; your (çoğul); their

I phoned **my** brother.

Demonstrative adjectives İşaret sıfatları

this, that; these, those

These necklaces are pretty, but **those** necklaces are prettier.

Verbs Fiiller

Not: Aşağıda, çoğunlukla, birinci tekil kişi (I = ben) temel alınarak, örnekleme yapılacaktır.

Present simple Geniş zaman
Geniş zaman, bir gerçeği belirtmek için ya da düzenli olarak gerçekleşen bir olayı, bir durumu anlatmak için kullanılır.

On Mondays I **go** to the gym.
I **like** swimming.

I/**you**/**we**/**they** için, geniş zaman fiil çekiminde, fiilin mastarı (sözlükte belirtilen biçimi) kullanılır:
work – I **work**, they **work**

He/**she**/**it** için ise, fiilin mastarı **–s** eki alır:
he/she/it **works**

Kuraldışı fiillerin bazıları şunlardır:
have (he/she/it **has**)
be (I **am**, you **are**, he/she/it **is**; we **are**,
you **are**, they **are**)
(Günlük konuşmada, **be** fiili, genellikle, kısaltılmış biçimi ile kullanılır: I'**m**, you'**re**, he'**s**, she'**s**, it'**s**, we'**re**, they'**re**)

Present simple – olumsuz yapı: I **don't** like;
he/she it **doesn't** like
Present simple soru yapısı: **do** I like?;
does he/she/it like?
+ kısa yanıtlar: yes, I **do**; no, I **don't**;
yes, he/she/it **does**; no, he/she/it **doesn't**

Present continuous Şimdiki zaman

Şimdiki zaman, *tam konuşulan anda* yapılmakta olanı anlatmak için kullanılır.

I'**m calling** about the language classes.
Are you **looking** for a French course?

Şimdiki zaman, bazen, *gelecek zamandan söz etmek için de* kullanılabilir.

I'**m meeting** him there.
On Monday, she'**s going** to the gym.

Şimdiki zaman, *to be yardımcı fiilinin geniş zamanı + fiilin –ing biçimi* ile oluşturulur.

I'**m flying** direct to Rome.
We'**re seeing** him on Sunday.

Present continuous – olumsuz yapı: I'm **not** coming;
he/she/it **isn't** coming

Present continuous – soru yapısı: **am** I coming?;
is he/she/it coming?
+ *kısa yanıtlar*: yes, I **am**; no, I'**m not**;
yes, he/she/it **is**; no, he/she/it **isn't**

Past Geçmiş zaman
İngilizce'de geçmiş zamandan söz etmek için pek çok farklı zaman biçimi vardır. Bu kitapta **past simple** (di'li geçmiş zaman) üzerinde yoğunlaşılmıştır.

Past simple Di'li geçmiş zaman

Geçmişte sona ermiş bir olaydan/durumdan söz etmek için, di'li geçmiş zaman kullanılır.

I **went** to Morocco. I **worked** in Spain.

Di'li geçmiş zamanı oluşturmak için, düzenli fiillere – **ed** eki (ya da, fiil zaten – **e** ile bitiyorsa – **d**) eklenir: **worked**, **changed**.

Tüm özneler için aynı biçim geçerlidir: **I worked**, **he worked**, **we worked**, etc.

Ancak, pek çok fiilin, di'li geçmiş zaman biçimleri düzensizdir. Bunları ezberleyerek öğrenmeniz gerekir. Düzensiz fiillerin en çok kullanılanlarından bazıları aşağıda verilmiştir:

buy – **bought**
do – **did**
give – **gave**
go – **went**
have – **had**
say – **said**
see – **saw**
take – **took**
be – **was/were***

***to be** yardımcı fiilinin di'li geçmiş zaman yapısına dikkat edin: bu fiil, iki farklı biçimi olan tek fiildir – I **was**, you **were**, he/she/it **was**; we **were**, you **were**, they **were**.

Past simple – olumsuz yapı: I **didn't** work

Past simple – soru yapısı: **did** I work?
+ kısa yanıtlar: yes, I **did**; no, I **didn't**

Future Gelecek zaman

Gelecek zamandan söz etmek istendiğinde, *şimdiki zaman* yapısı (s. 78) kullanabildiği gibi, *will* ile oluşturulan **gelecek zaman** yapısı da kullanabilir.

Bu yapı, gerçekleşeceğinden emin olunan konulardan ya da yakın gelecekte yapılması düşünülen/planlanan konulardan söz ederken kullanılır.

Don't worry – **we will** be there on time!

If I have time this evening, **I'll surf** the internet.

will + fiil biçiminde oluşturulan bu yapı tüm özneler için aynıdır: **I will work**, **we will work**, v.b. – *will*, özellikle günlük konuşulan İngilizce'de, **'ll** olarak kısaltılır.

I **will go**	we **will go**
you **will go**	you **will go**
he/she/it **will go**	they **will go**

Future – olumsuz yapı: I **won't** work
Future – soru yapısı: **will** I work?
+ *kısa yanıtlar*: yes, I **will**; no, I **won't**

Usage Kullanım

Gelecek zamanda ne/neler olacağını belirtmek için şimdiki zaman ya da gelecek zaman kullanılan tümcelerde, eylemin *ne zaman, hangi koşullarda gerçekleşeceğini*, **when, before, after**, v.b. sözcüklerle belirten bölümdeki fiilin geniş zamanda kullanıldığına dikkat edin.

When I **leave** school, I'm going to work abroad.

I'll be Prime Minister before I'm forty.

Questions Sorular

Farklı fiil zamanlarında soru yapılarının nasıl oluşturulduğu ile ilgili bilgi için, s. 85–86'ya bakın.

Question Tags Soru Takıları

is ⟶ **isn't he/she/it?**
are ⟶ **aren't you?**, etc.

Present simple *Geniş zaman*
He plays tennis, **doesn't he?**
They go to the cinema every week, **don't they?**

Past simple *Di'li geçmiş zaman*
You bought that on holiday, **didn't you?**
They spoke English fluently, **didn't they?**

Extra Ek olarak

Sayılar (1–1000+) için, bkz. s. 9, 11 ve 22
1st, 2nd, 3rd, vb. için, bkz. s. 35
Haftanın günleri için, bkz. s. 32
Yılın ayları için, bkz. s. 34
Tarihler için, bkz. s. 35
Yılın mevsimleri için, bkz. s. 76
Zamanlar için, bkz. s. 34 ve 37

 # Answers/Transcript

Answers to Review sections

Review 1, pp. 30–31 (Track 17)

1
1 I **have** two brothers.
2 My name**'s** Anna.
3 I **like** it very much.
4 We **are** Jake's parents.
5 Where **are** you from?
6 She**'s** English.
7 This **is** my friend Amir.
8 He **works** in a hospital.
9 I**'m** a photographer.
10 **Is there** a supermarket near here?

2
1 chicken
2 biscuits
3 tomatoes
4 strawberries
5 orange juice
6 packet of sweets
7 box of chocolates
8 bottle of wine
9 kilo of grapes
10 carton of milk

3
1 I'm Spanish. I speak Spanish.
2 I'm Chinese. I speak Chinese.
3 I'm Russian. I speak Russian.
4 I'm American. I speak English.
5 I'm Brazilian. I speak Portuguese.

4
1 My name's . . .
2 I'm . . .
3 My phone number is . . .
4 My address is . . .
5 I'm from . . .
6 No, I'm . . .
7 Yes, I'm married. / No, I'm . . .
8 Yes, I do. / No, I live in . . .
9 I'm a . . .
10 Yes, it's . . . / No, it's . . .

5
1 Is there a chemist near here?
2 How do you get to the bus station?
3 Go along this road to the traffic lights.
4 Then take the second on the right.
5 Is this the right bus for the London Eye?
6 I'd like some grapes, please.
7 I like it very much.

8 Do you have them in a size 39?
9 Can I try them in orange, please?
10 This CD is more interesting than that one.

6
• Can I help you?
– **I'm looking for a present for my brother.**
• What does he like?
– **He likes CDs and DVDs.**
• What about this DVD? It's very exciting.
– **No, it's not his thing. What about that one? Is that one good?**
• That one is even better. It's more exciting.
– **How much is it?**
• This one costs £19.99.
– **That's quite expensive. Do you have anything cheaper?**
• This DVD is cheaper and it's more interesting than the first one.
– **I'll take it. Thank you very much.**

Review 2, pp. 56–57 (Track 34)

1
1 When does the next train for . . . leave?
2 When does it arrive?
3 How long does it take?
4 Do I have to change?
5 When can I use an off-peak ticket?
6 Is this the London train?
7 Which platform does it leave from?
8 Is this ticket valid on this train?

2
1 Next Tuesday Jake is flying to Paris.
2 Next Friday Cristina is going to the gym.
3 Next Monday Tess is studying French.
4 Next Sunday I am doing nothing.
5 Next Saturday you are going out with friends.

3
1 Would you like something to drink?
2 Please help yourselves to biscuits.
3 I think I'll have a sandwich and coffee.
4 Would you like a piece of chocolate cake?
5 We'll have a bottle of house red, please.
6 I go to the cinema every Friday.

7 I play the piano three times a week.
8 I go out with my friends at the weekend.
9 What do you want to watch tonight?
10 If it's hot tomorrow, we'll play football.

4
• Are you ready to order?
– **Yes, I think so. To start, I'll have the fish soup.**
• And for the main course?
– **What's in a flamiche?**
• It's a tart made with leek and cheese.
– **That sounds good. I'll have that.**
• Would you like vegetables or a salad with that?
– **Vegetables – some carrots, please.**
• And to drink?
– **I'll have a glass of house white and a bottle of mineral water.**

5
• What do you like doing at the weekend?
– **On Friday nights I like going to the cinema with friends.**
– **On Saturdays I like playing squash.**
– **On Sundays I like reading the paper and drinking coffee.**
• What are you doing this weekend?
– **I'm going to Madrid.**

Review 3, pp. 82–83 (Track 51)

1
1 **What** would you like to do when you finish your degree?
2 **Who** are you going on holiday with?
3 **Why/When** did you decide to get a new job?
4 **Where** will you stay?
5 **How** much does it cost?
6 **Why/When** do you want to take a year out?

2
1 I feel very tired and my throat hurts.
2 I said that I was keen on travelling.
3 I'd like to make an appointment for my wife, please.
4 I suggest you go home and go to bed.
5 I taught for two years before I became a photographer.
6 Do you have something for insect bites?

7 I used to work as a teacher so I have experience working with children.

3

1 I **didn't buy** any shoes.
2 I **worked** for two years in London.
3 He **went** out with friends on Friday night.
4 Last year she **had** ten people working for her.
5 We **said** that we didn't know where the bar was.
6 They **decided** to go to the cinema.
7 You **did not give** it to me.
8 I **saw** Bill yesterday.
9 I **was not** very happy to see him.
10 **Was** he on holiday last week?

4
• Why do you want to work with us here at the leisure centre?
– **I love sports. I'm good with the public and I enjoy working with children. I would like the opportunity to learn other sports.**
• Do you have any experience?
– **I worked for a year in a leisure centre in Spain. I have taught swimming for two years.**

5
• How can I help you?
– **I've lost my bag. It's a green bag – quite small.**
• When did you last have it?
– **I had it this morning. I might have left it by the toilets.**

• What is in the bag?
– **It's got my mobile, my credit card and my keys in it.**

6
– **Are you going away this autumn?**
• I'm going to York.
– **Who (are you going) with?**
• With Jake.
– **When are you going?**
• We're going at the end of October.
– **Where are you staying?**
• We're staying at a lovely hotel right in the centre.

Listening tasks

Unit 1 (Track 4)
829 4735
265 1147
383 5699

Unit 2 (Track 8)
Yes, he does.
No, she doesn't.
Yes, she does.
Yes, he does.
No, she doesn't.

Unit 3 (Track 11)
Take the first on the left, then go straight on to the supermarket. Turn right and then take the third road after the traffic lights. There's a chemist on the left.

Unit 4 (Track 14)
250g of grapes, 6 oranges, kilo of carrots, a carton of apple juice, 2 packets of rice
£7.75

Unit 5 (Track 21)
Japanese class (beginner)
Monday 6.30–8.15
5 September
£65 a term

Unit 6 (Track 25)
a single room with en suite
(Thursday) 4 to (Tuesday)
9 June
£62 a night

Unit 7 (Track 27)
Man: a glass of white wine; nothing
Woman: a glass of red wine; pizza

Unit 8 (Track 32)
a programme about Mozart at 8.00
a game show at 6.30
The Motorcycle Diaries / a film about Latin America at 9.15
Woman likes game shows and films
Man likes films

Unit 9 (Track 37)
her head is sore, her throat hurts, she feels achy
aspirins or paracetamol
stay in bed and drink lots of water

(Track 39)
Take the pills twice a day morning and evening. Use the cream four times a day.
Give your son the cough syrup three times a day, before meals.
Don't go to work – stay in bed.
Stay warm and drink lots of water. Paracetamol will make you feel less achy.

Unit 10 (Track 43)
waitress
She wants to stay in Edinburgh and to improve her English.
She used to work in a bar when she was at university.
She's friendly, good with people and can remember the orders easily.

Unit 11 (Track 45)
a clock
the alarm is faulty
a refund

Unit 12 (Track 50)
go to college; when she leaves school
be head of marketing; in 2 years
do voluntary work abroad; when he's 30
start his own business; when he finishes his course
open a second shop; before she has children

Transcript

Unit 1

(Track 1)
Meeting people, pp. 6–7
I'm Anna.
What's your name?
My name's Jake.
She's Anna.
He's Jake.

How are you?
I'm fine, thanks.
And you?

Hello!
Hi!
Good morning.
Good afternoon.
Good evening.
Goodnight.
Goodbye!
Bye!
See you soon!

(Track 2)
My family, pp. 8–9
I have two sisters.
He has one brother and one sister.
She has one son and two daughters.
my mother and my father
his sister and his brother
her son and her daughter
1, 2, 3, 4, 5, 6, 7, 8, 9, 10

(Track 3)
More about my family, pp. 10–11
We're Jake's grandparents.
We're retired.
I'm Jake's cousin Ben.
I live on my own.
I'm Jake's cousin Tina.
I'm at school.
My aunt works in a hospital.
She's a doctor.
My uncle works in a shop.
He sells computers.

What's your phone number?
It's 372 9481.
Yes, that's right.

11, 12, 13, 14, 15, 16, 17, 18, 19, 20

What's your address?
It's 14 Albion Street.

Unit 2

(Track 5)
Where I'm from, pp. 12–13
I'm from the United States.
Where are you from?
I'm from England.
I'm from Spain.
I'm from Egypt.
I'm from China.

I'm American.
I'm English.
I'm Spanish.
I'm Egyptian.
I'm Chinese.

I speak Spanish.
I speak French and Japanese.
I speak English and Arabic.

This is my friend Cristina.
Hi, Cristina. Pleased to meet you.
Pleased to meet you too.

You're American, is that right?
No, I'm English.
You're Spanish aren't you?
That's right.
It's a great party, isn't it?
Yes, it is.

(Track 6)
More about me, pp. 14–15
Do you live in London?
Yes, I do.
No, I don't.
I live in the country.
I live in the city.

Are you married?
Yes, I am.
No, I'm not.

My husband's name is Marco.
He works at the university.
We live near Oxford.
We have two children.
They're at school.
Katie's at primary. She's in Year 4.
Paolo's at secondary. He's in Year 9.
Katie likes school, but Paolo doesn't like it.
I teach French.
School starts at nine and finishes at three.

(Track 7)
What I do, pp. 16–17
What do you do?
I'm a journalist.
I'm a photographer.
I'm a nurse.
I'm a police officer.
I'm an accountant.
I work in a shop.
I work in an office.
He's in marketing.
She's in politics.

Do you work?
I'm unemployed.
I look after my children.
I'm a student.
I'm retired.
I'm still at school.

Do you like your job?
I like it very much. It's really interesting!
Yes, I do.
It's OK.
It's not very interesting.
No, I don't. I don't like it at all!

Unit 3

(Track 9)
Asking about places, pp. 18–19
Where I live, there's a cinema, a swimming pool, a school and a bus station. There isn't a library or an underground stop. And there aren't any shops.

The museum's very near.
The supermarket's quite far.
The hotel is opposite the town hall.
The library is next to the shopping centre.
The post office is between the car park and the cinema.

Is there a café near here?
Yes, there is.
No, there isn't.

Are there toilets/shops near here?
Yes, there are.
No, there aren't.

Is it far?
It's quite near.
About two minutes' walk.

Thanks for your help!
You're welcome.

(Track 10)
Asking for directions, pp. 20–21
Excuse me.
How do you get to the train station?
Turn right.
Go straight on.
Take the first on the right.
Take the second on the left.
Go straight on.
Turn left.

Cross the junction.
Go over the bridge.
It's on the right.
It's on the left.
on the corner
at the end of the road

I'm sorry, I didn't catch that.
Could you say it again, please?
Could you speak more slowly, please?

thank you
thank you very much
thanks
many thanks

Don't mention it.
You're welcome.
No problem!

(Track 12)
How I travel, pp. 22–23
I go by bike.
I go by bus.
I go by train.
I go by car.
I go on foot.

20, 30, 40, 50, 60, 70, 80, 90, 100
21, 32, 43, 54, 65, 76, 87, 98, 109

Excuse me.
Is this the right bus for the London Eye?
Which bus goes to the London Eye?
You can take the number 43.

Is this the right line for the London Eye?
Take the Central line eastbound.

Get off at Tottenham Court Road.
Change to the Northern line.

Unit 4
(Track 13)
Buying food, pp. 24–25
I'd like some apples, please.
I'd like some chocolate, please.
I'd like a bottle of red wine and four packets of crisps, please.
a kilo of apples
half a kilo of grapes
250g of cheese

a packet of biscuits
a bar of chocolate
a punnet of strawberries

a carton of milk
a bottle of mineral water

149, 200, 350, 490, 1000, 1425

Do you have any oranges?
Do you have any mineral water?

What would you like?
I'll have half a kilo of grapes.
And some apples, please.
How many would you like?
I'll have four of those.
Anything else?
That's everything, thanks.
That's £6.75.
That's 3.25 change.

(Track 15)
Buying clothes, pp. 26–27
some blue jeans
a pink skirt
a black jacket
green trousers

It's orange
It's white
They're yellow
They're brown

small, too small, very small, big, too big, very big.

I'm size 10.
Do you have them in a size 39?
small
medium
large
extra large
It's a good fit.

I'm looking for some shoes.
Can you help me, please?
Can I see the blue, please?
Can I try it on?
I'll take them, thanks.

(Track 16)
Buying presents, pp. 28–29
It's a present.
a pretty necklace
an interesting book
a cute soft toy
some delicious sweets
an expensive bottle of wine
a good CD

Look at this one.
That one's boring.
I prefer these ones.
Those ones are more interesting.
Is this good?
What about that?
Do you like these?
Those are pretty.

Unit 5
(Track 18)
Getting information, pp. 32–33
Monday, Tuesday, Wednesday, Thursday, Friday, Saturday, Sunday
on Mondays, on Saturdays

I'm calling about the language classes.
I'm interested in Spanish.
When does it start?
How much does it cost?
That sounds great. Thank you.

It's two o'clock.
It's four o'clock.
It starts at seven o'clock and finishes at nine o'clock.

Hello, is that . . . ?
I'm sorry, I've got the wrong number.
I think you must have the wrong number.

(Track 19)
Booking a place, pp. 34–35
January, February, March, April, May, June, July, August, September, October, November, December

My birthday is in March.
I'm starting a course in January.

It's quarter to four.
It's half past nine.
It's twenty-five past six.
It's five to twelve.

I'm calling about your salsa dance class.
When is it on?
At what time?
Are there any places free?
I'm a complete beginner – does that matter?
Can I book a place, please?

on 1st January, on 3rd March, on 12th August

(Track 20)
Giving details, pp. 36–37
A B C D E F G H I J K L M N O P Q R S T U V W X Y Z

I'd like to book some lessons for my son.
in the advanced class
Paolo – that's P – A – O – L – O . . .
He's thirteen.
So, the course starts on Friday 22nd at 4.30?
And it runs for 8 weeks?

Unit 6
(Track 22)
Travelling by train, pp. 38–39
I need to get to Oxford by 9.30.
Do you have a timetable?
Is there a train that leaves about 8?
When is the next train?
How long does it take?
When does it arrive?
Do I have to change?

A day return to Oxford, please.
When can I use an off-peak ticket?
On the 3.40.
Which platform does it leave from?
Is this the Oxford train?
Is this ticket valid on this train?

(Track 23)
At the airport, pp. 40–41
I'm going to Rome for the weekend.

He's flying direct to New York.
I'm meeting him there.
What are you doing this weekend?
I'm seeing some friends for a drink tonight.
Tomorrow I'm playing football.
I'm going to the cinema tonight.

Here you are.
I'm checking in just one bag.
I'm taking this one on as hand luggage.
Yes, I did.
I packed my bag myself.
A window seat, please.

(Track 24)
Making a booking, pp. 42–43
I'd like to book a room, please.
From the 9th of November to the 12th.
A double room, with a shower.
A single room, en suite.
A room for four people, with a bath.
How much is it?
Is breakfast included?
I'll take it.

I'd like to book a table for tonight.
for Saturday
for six people
Around 7.30?
8.30's fine.
My name's Millar.

Unit 7
(Track 26)
Visiting a friend, pp. 44–45
Would you like to come round for coffee?
Thanks – I'd love to!
I'm sorry, I can't.

Would you like tea or coffee?
Please help yourselves to biscuits.
Would you like some more cake?
Some more tea?
I'll have coffee, please.
Could I have tea, please?
Yes, please . . . It's delicious!
Thank you.
No, thanks. I'm fine.

Can I get you a drink?
What would you like?

What about you?
Would you like something to drink?
I'll have a glass of red wine.
Just a glass of sparkling water, please.

(Track 28)
Ordering in a café, pp. 46–47
She's hungry.
He's thirsty.
I'm tired!
I'm really cold!
I'm very hot!

Could we see a menu, please?
What are you having?
I think I'll have coffee and a sandwich.
What about you?
I can't decide.
I don't think I feel like a snack.
What about some cake?
That sounds good.
A cappuccino and a salmon baguette, please.
I'll have an espresso and a piece of chocolate cake.

(Track 29)
Ordering in a restaurant, pp. 48–49
I booked a table for 8.30. The name's Millar.

What are the specials?
What's in a Greek salad?
Does it contain meat?
I can't eat nuts.

To start, I'll have the smoked salmon.
We'll have a bottle of the house red, please.
And a large bottle of mineral water.
Do you have decaffeinated?
Two coffees, please – one decaff.
Could we have the bill, please?

Unit 8
(Track 30)
In my free time, pp. 50–51
What do you do in your free time?
I go out with friends.
I go for a bike ride.
I play the guitar.
I play the drums.

I go dancing.
I go shopping.
I play football.
I play badminton.

(Track 31)
Talking about what I like, pp. 52–53
I love
I really like
I like
I don't mind
I don't like
I don't like . . . at all
I hate

What do you like watching on television?
What kind of film is it?
What do you want to watch tonight?
What's on?
When's the game show on?
My favourite film is on tonight.
It's really exciting.
It's very informative and quite entertaining.
Documentaries are really boring.

I don't really like films like that!
I sometimes watch dramas – if they're entertaining.
Not football again! It's always on!
That sounds really boring!
I prefer dramas to documentaries.

I don't mind watching the news.

(Track 33)
What I like doing, pp. 54–55
When it's raining, I like watching DVDs.
When it's sunny, we like going for a walk in the country.
When it's snowing, I like staying in and reading books and magazines.
I go shopping in any weather!

What will we do tomorrow?
If it's warm tomorrow, we'll go swimming.
If it's hot at the weekend, I'll go to the beach!
If it's windy, we'll go for a walk.
If I have time this evening, I'll surf the internet.
If it's cold on Friday, I won't play tennis.

Unit 9
(Track 35)
I don't feel well, pp. 58–59
How do you feel?
I don't feel well.

I have a sore shoulder.
I have a sore stomach.
My back is sore.
My throat is very sore.

My ear hurts.
My knee hurts.
My feet hurt.
My teeth hurt.

I have a cold.
I have a temperature.
I feel achy.
I feel sick.
I feel dizzy.

I've been sick.

(Track 36)
At the chemist's, pp. 60–61
My head hurts.
I feel very tired.
My throat is sore too.
For four days.
Could you recommend something for a cold, please?
Do you have something for flu?
Do you have something for insect bites?
It's for my husband.
He was bitten on the hand.
It's quite swollen.
It's really itchy.

I'll take the syrup, please.
Could I have some aspirins, please?
Could I have some cough syrup, please?
Could I have some plasters, please?

(Track 38)
At the doctor's, p. 62–63
I'd like to make an appointment, please.
Can I make an appointment for my daughter, please?
For today, if possible.
For Tuesday.
Do you have anything on Friday?
That would be fine.

I have a very sore throat.
My neck is also very stiff.

I feel tired all the time.
How often do I need to take the pills?

Unit 10
(Track 40)
Finding out about a job, pp. 64–65
My name's . . .
I'm calling about your advert for tour guides . . .
. . . in Monday's *Guardian*.
Can you tell me a bit more about the job?
That sounds very interesting.

I don't have experience as . . .
I can speak French.
I can speak a bit of Spanish.
I used to work as a teacher.
I have experience organising groups of people.
I really enjoy travelling.

(Track 41)
Applying for a job, pp. 66–67
I went to France for two months.
I worked as an instructor.
I spent three years in the USA.
I was in charge of the group.
I had twenty people working for me.
We travelled all round Europe.
I taught French for two years.

Did you send off your application last week?
Yes, I did.
No, I didn't.
What did you say in your letter?

I said that I was keen on travelling.
I said I used to teach.

(Track 42)
At an interview, pp. 68–69
I have a degree in marketing.
I have a degree in law.
I have a degree in psychology.
I'm fluent in French.
My Spanish is good.
I work well as part of a team.
I'm good at meeting deadlines.
I'm good with customers.
I have a clean driving licence.
I managed the shop when my boss was away.

I enjoy working with the public.
I would like the opportunity to develop my management skills.

I love travelling.
I would like the opportunity to use my English.
I enjoy working with young people and I'm good at it.
I studied it at university.
I lived in New York for a year as part of my course.
I didn't have any problems.
I enjoyed teaching.
It didn't give me much opportunity to travel.
I decided it was time to change.

Unit 11
(Track 44)
Returning something, pp. 70–71
There's a problem with this necklace.
There's a problem with these shoes.
It's faulty.
It isn't working.
It's broken.
There's a mark.
There's a hole.
It's too small.
It's too big.
A piece is missing.
A button is missing.

I'd like to return this.
Here's the receipt.
I got it as a present.
I don't have the receipt.
I bought it here a few months ago.
I bought them in your Oxford Street store last week.

Could I exchange it?
Could I have a refund?
Could I have a credit note?

(Track 46)
Reporting a loss, pp. 72–73
I've lost my suitcase.
I've lost my wallet.
I've lost my rucksack.
My handbag has been stolen.
My purse has been stolen.

It's got my money, my credit cards and my driving licence in it.
It's got my passport, plane ticket and traveller's cheques in it.
It's got my keys and my mobile in it.

It's a red leather rucksack – quite small.
It's a big blue suitcase.
I had it when I got on the train.
I might have left it by the newspaper kiosk.
I definitely didn't have it when I went to pay.

(Track 47)
Sorting out other problems, pp. 74–75
I booked a ticket to Glasgow on the 11.20 bus . . .
. . . but I was held up and I missed it.
Can I change the ticket?
When is the next bus?
If I could have a ticket for that one, please.
Do I have to pay again?

I've been waiting for an hour now.
My luggage still isn't here.
I came from Naples.
I changed flights in Rome.
I'm staying in a hotel here for two weeks.

Unit 12
(Track 48)
Sharing plans, pp. 76–77
in spring
in the spring
last spring
this summer
next autumn
during the winter

I'm working in Berlin for two weeks.
I'm hoping to go on holiday after that.
I'm thinking of going to Italy.
I might go to Hungary.
I might not stay at the same hotel as last time.
I don't want anything too expensive.

Are you going away this summer?
Where are you going?
What about you?
Who with?
When are you going?
Where are you staying?

When would you go?
Where would you stay?

(Track 49)
Future intentions, pp. 78–79
When I finish my course, I'm going to work abroad.
When I leave school, I'll take a year out.
Before I'm forty, I'll be a millionaire.
After my children leave school, I'm going to do voluntary work in Africa.
In five years' time I want to open my own shop.
This time next year I want to be head of Sales.

If I'm successful, I'll be very rich.
If I have a baby, I'd like to work more flexibly.
If it doesn't work out, I'd like to go back to college.
If I don't get promoted, I want to start my own business.
If I don't get a new job, I'm going to retrain.

I don't know what I want to do.

Wordlist

Aa

a, an
about
abroad
accountant
address
advert
after
afternoon
again
along
always
am (*present* be)
American
and
animals
another
antibiotics
any
anything
apple
apple juice
appointment
are (*present* be)
arm
arrive (to)
as far as
aspirins
at
aunt
Australia
Australian
autumn
available

Bb

back
badminton
bag
baker's
bandage
bank
bank clerk
banking
bar

be (to)
beer
before
beginner
belt
best
better
between
bike
bill
biscuits
black
blue
boarding pass
boat
book
book (to)
boots
boring
boss
bottle of wine
bought (*past* buy)
box of chocolates
boyfriend
Brazil
Brazilian
breakfast
bridge
broken
brother
brown
budget
bus
bus station
bus stop
business
busy
by
Bye!

Cc

café
cake
call (to)
can

can't
cap
car
car park
carrots
carton
cartoon
catch (to)
CD
change (to)
chat show
cheap
check in (to)
cheek
cheese
cheesecake
chemist's
cheque
chest
chicken
child / children
chin
China
Chinese
chips
chocolate
chocolates
cinema
class
coach
coat
coffee
cold
cold (a)
come (to)
comedy
community centre
company
computer
cook (to)
corner
cost (to)
cough syrup
country
course
cousin

credit card
crepe
crisps
cross (to)
cuddly toy
cup
currently
customer
cute
CV

Dd

dad / daddy
dance (to)
dancing
daughter
deadline
decaff(einated)
degree
delicious
dessert
did (*past* do)
direct
divorced
dizzy
do
do (to)
doctor
documentary
down
drama
dress
drink
drink (to)
driving licence
drums
due
DVD

Ee

ear
eat (to)
education
eggs

Egypt
Egyptian
elbow
e-mail
en suite
engineering
England
English
enjoy (to)
entertaining
evening
every
everything
exchange (to)
exciting
excuse me
expensive
experience
eye

Ff

family
far
father
faulty
favourite
film
finance
fine
finger
finish (to)
fish
fit (to)
flight
flu
fluent
foot/feet
football
form
France
free
French
friend
from
fruit salad
fully booked
funny

Gg

game show
gave (*past* give)
German
Germany
get out (to)
get to (to)
girlfriend
glass
go (to)
golf
good
Good afternoon.
Good evening.
Good idea!
Good morning.
Good night.
grandparents
grapes
great
green
green salad
grey
guitar

Hh

had (*past* have)
hair
handbag
has (*present* have)
hat
hate (to)
have (to)
have to (to)
hayfever
he
head
Hello.
help (to)
her
here
Here you are.
hers
Hi.
his
history
hole
holiday

hospital
hot
hotel
hour
how
How are you?
how long?
how much/many?
hungry
hurt (to)

Ii

I
I'd like . . .
I'm sorry.
ice-cream
identity card
if
ill
in
included
India
Indian
infection
informative
interested in
interesting
interview
is (*present* be)
it
Italian
Italy

Jj

jacket
Japan
Japanese
jeans
job
journalist
jumper
junction

Kk

keys
kilo

knee
know (to)

Ll

lamb
language
large
later
law
leave (to)
(on the) left
leg
letter
lettuce
level
library
like (to)
line (underground)
lips
live (to)
look (to)
look after (to)
lots of/a lot of
love (to)
lovely
luggage

Mm

main course
mark
market
marketing
married
maths
maybe
meat
meet (to)
mend (to)
menu
milk
mine
mineral water
minute
missing
mobile
money
moped

more
morning
mother
motorbike
mouth
moving
mum/mummy
museum
mushroom
music programme
mussels
my
My name's . . .

Nn
name
near
neck
necklace
need (to)
never
new
news
newspaper
next (to)
night
night club
no
noisy
nose
not so good
now
number
nurse
nuts

Oo
of
of course
off-peak
OK
olives
on
on foot
on holiday
on my/your own
onions

opposite
or
orange
orange juice
organise (to)
over
over there
own

Pp
packet
park
passport
paté
pay (to)
peanuts
people
peppers
phone (to)
phone number
photo
photographer
piano
pills
pink
pizza
place
plane
plane ticket
plasters
platform
play (to)
please
Pleased to meet you.
police officer
politics
post office
potatoes
pound
prescription
present
pretty
primary (school)
probably
problem
psychology
publishing
punnet

purple
purse

Qq
quite

Rr
radio
really
receipt
receptionist
red
restaurant
retired
return
return (to)
rice
(on the) right
risotto
road
room
rucksack
Russia
Russian

Ss
sad
said (*past* say)
salad
salmon
same
sandals
sandwich
say (to)
scary
school
season
secondary (school)
see (to)
See you soon.
sell
she
shirt
shoes
shop
shopping

shopping centre
shops
shorts
shoulder
shower
sick
side order
sign (to)
since
sing (to)
single
sister
size
skills
skirt
small
so
soap
sociology
socks
some
sometimes
son
soon
sore
sore head
soup
south
Spain
Spanish
sparkling water
specials
spell (to)
spend (to)
spinach
sports programme
spring
squash
start (to)
stay (to)
steak
still
stomach
stop
straight on
strawberries
strong
student
study (to)

sugar
suit (to)
suitcase
summer
supermarket
supplement
surname
sweatshirt
sweets
swimming
swimming pool

Tt

take (to)
taught (*past* teach)
taxi
tea
teach
teacher
team
television
temperature
term
terrible
thank you (very much)
thanks
that
that's right
the
the public
the United States
them
then
there are . . .
there's . . .
these

they
think (to)
thirsty
this
those
throat
throat lozenges
thumb
ticket
tie
tights
timetable
tired
to
today
toe
toilets
tomato
tomatoes
tomorrow
tongue
tonight
too
took (*past* take)
tooth/teeth
tourist
tourist information office
town hall
traffic lights
train
train station
trainers
tram
travel (to)
traveller's cheques
trousers
try (to)

try . . . on (to)
T-shirt
tube of cream
tuna
turn (to)

Uu

uncle
underground
underground stop
unemployed
university
use (to)
useful
valid
vegetables
very
very well

Ww

waiter/waitress
wallet
want (to)
warm
was (*past* be)
watch
watch (to)
water
we
weather forecast
week
weekend
went (*past* go)
were (*past* be)
what
What time is it?

What's your name?
when
where
which
white
windy
wine list
winter
with
work (to)
worse
worst
Would you like . . . ?
wrist
write (to)
wrong

Yy

yellow
yes
yet
you
you're welcome
your
yours